IMMERGRÜNE GÄRTEN

Ganzjährige Pracht mit
Rhododendron, Buchs & Co

Arne Janssen

IMMERGRÜNE GÄRTEN

Ganzjährige Pracht mit
Rhododendron, Buchs & Co

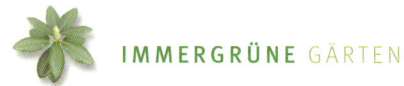

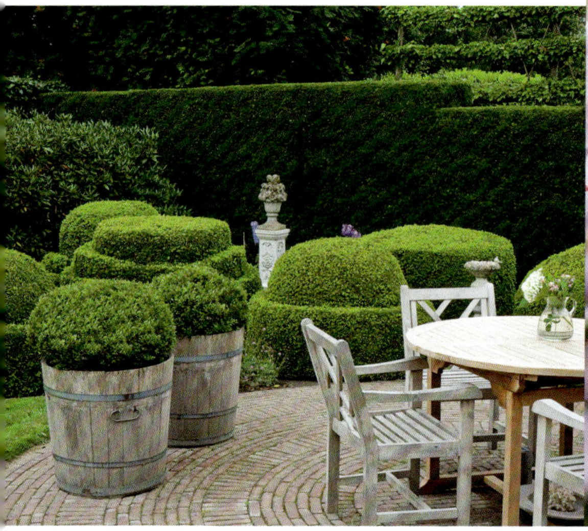

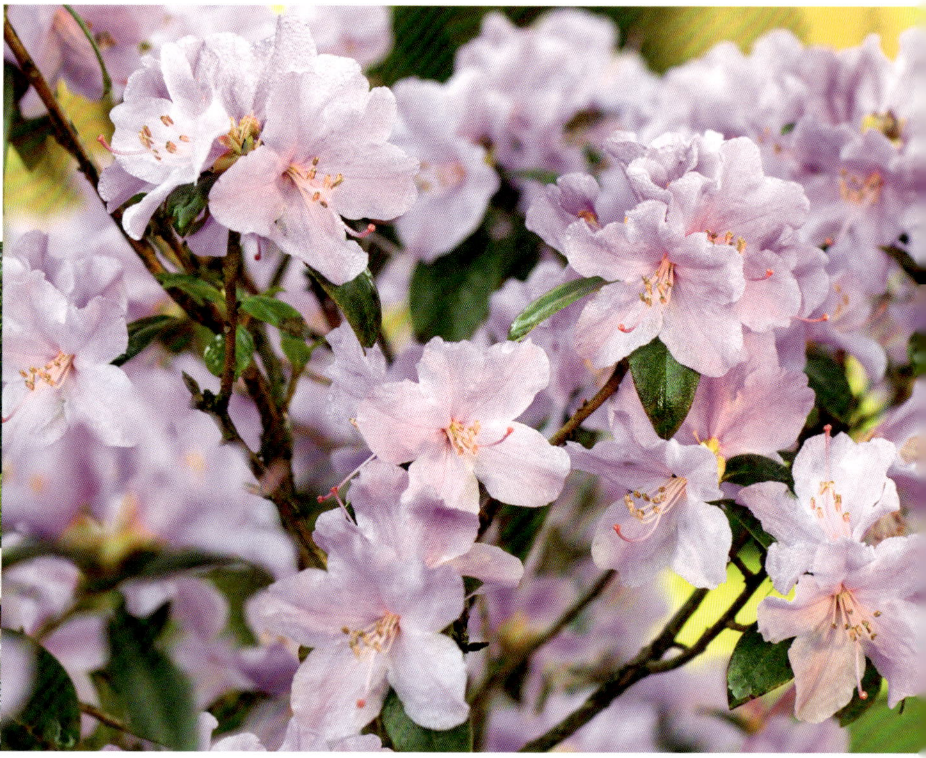

Immergrüne: vielseitig und farbenfroh 6

Mit Immergrünen gestalten 16

Ganzjährig attraktive Beetideen 38

Immergrüne: vielseitig und farbenfroh

Immergrüne faszinieren durch ihren Formenreichtum. Sie bilden Blüten und Früchte in leuchtenden Farben und sorgen das ganze Jahr für dekorative Struktur.

Laub mit Ausdauer
Immergrüne Pflanzen behalten ihre hübschen Blätter und Nadeln das ganze Jahr über. Die meisten sind zudem robust und äußerst pflegeleicht.

Rechts: *Machen jeden Schnitt mit: Buchs im Vordergrund und die hohe Hecke aus dunkler Eibe. Dazwischen wächst die kugelrunde Duftblüte als stimmungsvoller Farbkontrast.*

Unten: *Willkommen im Senkgarten: Die immergrüne Ligusterhecke bietet Schutz vor Wind und Blicken. Für die Optik sorgen formierter Buchsbaum und weiße Hortensie 'Annabelle'.*

Rhododendron, Kirschlorbeer oder Glanzmispel – ohne diese immergrünen Schönheiten sind unsere Gärten kaum mehr vorzustellen. Sie erfüllen die vielfältigsten Aufgaben: Sie bringen umwerfende Blütenpracht in schattige Ecken, schützen vor neugierigen Blicken und werten mit ihrem schönen Laub die Szene auf. Denn eines haben sie alle gemeinsam: Sie sind immergrün. Ihre attraktiven Blätter bleiben das ganze Jahr über an der Pflanze, und das ist besonders im Winter von dekorativem Vorteil! Im Allgemeinen werden Immergrüne nur mit den wichtigen Koniferen wie Lebensbaum und Scheinzypresse in Verbindung gebracht. Was vielen Gärtnern jedoch gar nicht bewusst ist: Es gibt eine enorme Vielfalt an Stauden, Bodendeckern, Sträuchern und auch Bäumen,

die ihr Grün das ganze Jahr über behalten. Oft tauscht sich der Blattmantel erst mit dem neuen Austrieb im Frühjahr oder wird gar erst nach Jahren ersetzt. Die Laubfarben erscheinen wie bei den Koniferen in unterschiedlich hellen oder ganz dunklen Grüntönen. Und auch mit kräftigem Rot, Blau und Gelb lassen sich mit Immergrünen herrliche Highlights im Garten setzen.

Hier kommen insbesondere panaschierte Gehölze ins Spiel. Ihre grünen Blätter sind mit weißen oder gelben Sprenkeln marmoriert, zeigen eine farbige Mitte oder auch einen bunten Blattrand. Doch Vorsicht: Diese Immergrünen sind so schön, dass Sammler das Suchtpotenzial als extrem hoch einstufen!

Attraktive Überlebenskünstler

Gerade von den Nadelbäumen wie Kiefern, Tannen oder Wacholder gibt es viele schöne Arten. Die übergroße Vielfalt erklärt sich durch den raffinierten Überlebenstrick dieser Koniferen: Weil sich ihre Nadeln über Jahre am Trieb halten, können sie im Frühjahr schnell mit der Stoffproduktion beginnen, während sommergrüne Gehölze erst noch ihre Blätter entfalten müssen. Daher können Koniferen im Gegensatz zu großen Laubbäumen auch Extremstandorte besiedeln, z. B. trockene mediterrane Karstgebiete oder kalte Regionen am Nord- und Südpol.

Das mehrjährige Nadelkleid bietet in diesen Regionen einen weiteren Vorteil, und zwar im Hinblick auf die Nährstoffversorgung: Da sich bei Kälte oder trockener Hitze heruntergefallene orga-

Links: *Sie lieben Farbe? Dann sind Sommer- und Schnee-Heide die richtigen Pflanzpartner. Leicht verzaubern sie auch kleine Gartenecken – solange der Standort sonnig ist.*

Unten: *Gerade im Winter trumpfen große immergrüne Blätter auf! Wie schön, wenn sich der Kissen-Schneeball morgens mit Raureif bedeckt.*

nische Substanz nur sehr langsam zersetzt, stehen im Frühjahr nicht genügend Mineralien für die Bildung einer neuen Laubkrone zur Verfügung.
Die Anpassung vieler Immergrüner an Trockenheit lässt sich auch für unsere Gärten in der Zukunft nutzen, die sich durch die Erderwärmung gerade in urbanen Gebieten klimatisch verändern werden. Auf nährstoffarmen Sandböden oder in einem aufgeheizten sonnigen Stadtgarten sparen Sie sich z. B. mit mediterranen Arten die aufwendige und teure Bewässerung im Sommer. Hier werden Pinien *(Pinus pinea)*, Zistrosen *(Cistus × pulverulentus)* oder Stein-Eichen *(Quercus ilex)* zum Hingucker. Diese Südländer kommen auch ohne Bewässerung aus und zeigen selbst bei trockener Hitze ein hervorragendes Wachstum. Allerdings gedeihen sie nur in wintermilden Gebieten wie der Kölner Bucht oder dem Rheintal.

Optische Struktur zu jeder Jahreszeit

Schnittfester Buchs, ausdrucksstarke Kiefernsolitäre oder die ordnende Hecke aus Lebensbaum – immergrüne Pflanzen dürfen in keinem Gärten feh-

len. Ihr großer Vorteil ist ihre Kontinuität über das ganze Jahr hinweg. Im Frühjahr bildet die dichte Bodendeckermatte aus Efeu 'Hibernica' einen wundervollen Kontrast zu den Schneeglöckchen, die sich zwischen den Blättern hervorschieben und das Ende des Winters ankündigen.
Den Sommer über formen akkurat geschnittene Eibenmauern den Hintergrund für blühende Prachtstaudenbeete mit Rittersporn, Flammenblume und hellrosa Strauchrosen nach englischer Manier. Im Herbst zünden viele Laub-

gehölze ein fulminantes Laubfeuerwerk, aber die immergrünen Blätter von Rhododendron 'Goldflimmer', Aukube 'Variegata' oder Ölweide 'Maculata' halten einfach länger. Gerade im Winter, mit Raureif auf seinen Blättern, sieht der Kissen-Schneeball herrlich aus. Und wie romantisch ist der Koniferengarten erst mit einer frischen Schneehaube!

Aber bitte mit Farbe!

Dass immergrüne Gärten »nur grün« und damit langweilig monoton sind,

Unten: Einem alten Rhododendron, hier die Sorte 'Roseum Elegans', können Sie die unteren Äste nehmen. So entstehen charaktervolle Minibäume mit tollem Flor.

widerlegen die Schaugärten der Baumschulen schnell. Schon allein die unterschiedlichen Grünabstufungen verdeutlichen die Vielfalt, vom hellen Ton der Heckenkirsche 'Maigrün' als Bodendecker bis zum dunklen Grün der neuen Kirschlorbeer-Sorte 'Genolia' – mit ihrem schmalen Wuchs perfekt als winterharte Hecke geeignet.

Fast alle Nadelgehölze gibt es auch als Auslesen mit hübschen gelben Nadeln. Am bekanntesten ist hier die Eibe 'Summergold' mit ihrem satten Goldton. Etwas größer werden die gelben Scheinzypressen 'Golden Wonder' und 'Yvonne'. Es gibt Scheinzypressen auch als blaue Säulen wie 'Van Pelt's Blue' oder mit grau-silber changierenden Nadeln wie bei 'Silver Queen'.

Spannend wird es, wenn sich Blüten zeigen. Hier können Sie ganz nach Ihrem Geschmack die gesamte Farbpalette nutzen: Fröhlich wirkt ein kunterbuntes Durcheinander von Gelb, Blau und Rot. Eine ruhige, harmonischere Stimmung erzielen Sie durch viele Grüntöne mit ein, zwei Farbakzenten, z. B. in Rot, Orange, Gelb oder in Blau und Violetttönen. Mit verschiedenen Sorten von Besenheide, Englischer Heide und Schnee-Heide können Sie Teppiche pflanzen, die rund ums Jahr blühen. Die größte Attraktion im immergrünen Garten sind für viele Liebhaber die farbenprächtigen Rhododendren. Ihre Blüten schmücken vor allem im Mai und Juni halbschattige Gartenecken, einen humosen, sauren Boden vorausgesetzt. Ihre großen Blütenstutze gibt es mittlerweile in fast allen Tönen.

Während günstige Pflanzen der Preisgruppe I im Gartenmarkt nur in Weiß, Rosa und Violett blühen, finden Sie in Gartenbaumschulen und bei Rhododendron-Fachversendern ein großes Angebot (→ Seite 138). Halten Sie Ausschau nach Blüten in Gelb oder Orange. Auch helle cremefarbene Varianten mit kontrastierendem, brombeerfarbigem Fleck am Grund der Blüte bringen Gartenbeete zum Leuchten.

Die Mischung macht's

Nur selten ist eine monotone Gestaltung wirklich spannend – das gilt insbesondere im Gartenbereich. Planen Sie Ihren Freiraum also ruhig vielfältig. Setzen Sie neben schönen Immergrünen auch Stauden, Heckengehölze, Sträucher und Bäume ein, die im Herbst ihr Laub verlieren. Das intensiviert das Erleben der Jahreszeiten. Zusammen mit Gräsern und Zwiebelblumen beinhaltet Ihr Garten dann alle gestalterisch wichtigen Aspekte.

Gekonnt gestalten

Setzen Sie in Ihrem Garten Farbe mit System ein: Grün in allen Schattierungen ist unkompliziert als Heckenwand oder Bodendecke. Leuchtendes Blau und Gelb – z. B. von Scheinzypresse oder Lebensbaum – sollten Sie nur sparsam als Highlight verwenden. Stimmungsvoll sind Blütenkombinationen in Rosa, Rot und Violett. Gelb und Orange pflanzen Sie besser extra. Graues Laub, z. B. bei den Moorbeetgewächsen, wirkt als feiner Nebenton reizvoll.

Pracht aus fernen Ländern

Rhododendren mit riesigen Blütenbällen oder gestutzte Heckenwände aus Scheinzypressen gehören für Gartenliebhaber zum bekannten Grundrepertoire der Gestaltung. In Baumschulen und Gartencentern gibt es heute eine ungeheure Vielfalt. Doch ohne mutige Männer und ihre abenteuerlichen Expeditionen im 19. Jahrhundert könnten wir uns heute nicht aus dieser reich gefüllten botanischen Schatzkiste bedienen.

»Plant hunter« nannte man die Pflanzenjäger, die damals vornehmlich aus England aufbrachen. Rund um den Erdball waren sie auf der Suche nach neuen grünen Schätzen. Südamerika, Südafrika, Australien und Neuseeland – keine Ecke der Welt war vor den Entdeckern sicher. Besonders bekannt wurden Joseph Banks (1744–1820) und David Douglas (1799–1843) oder der deutsche Naturforscher Alexander von Humboldt (1769–1859). Sie brachten Douglasien, Mahonien, Küsten-Tannen, Schmuck-Tannen und viele andere Exoten mit nach Europa.

War es purer Wagemut, der die Männer in unbekannte Gebiete aufbrechen ließ? Was machte die Angriffe von Eingeborenen, Hunger und schwere Krankheiten erst einmal unbedeutend? Es war der Drang nach Ehre und Reichtum – denn exotische Pflanzen waren groß in Mode! Die Kolonialisierung entfachte in ganz Europa ein starkes Interesse am Fremden. Da Reisen in diese fernen Länder zu teuer und beschwerlich waren, holten sich die Menschen einfach die dortige Flora nach Hause. Dabei hatten die Entdecker jedoch lange Zeit mit einem Problem zu kämpfen: Schon für Menschen war die Überfahrt auf den engen Segelschiffen eine Qual. Empfindliche Pflanzen litten noch mehr, denn unter Deck war es dunkel und stickig – auf dem Schiffsdeck dagegen drohten sengende Sonne und salzige Meeresluft. Oft kam daher nur eines von tausend gesammelten Exemplaren in den botanischen Gärten der Heimat an. Wesentlich erfolgreicher wurde die Arbeit erst mit dem Ward'schen Kasten. Der englische Arzt Nathaniel Ward erfand diese Art Kleingewächshaus, das ab 1834 vermehrt eingesetzt wurde. So überstanden selbst empfindliche Farne und Orchideen die monatelangen Schiffspassagen.

Prestigeobjekt: Pflanze

Exotische Gewächse waren derart beliebt, dass sich zu Beginn des 19. Jahrhunderts sogar Zentren der grünen

Unten: *Gewächshaus im Miniformat: Der Ward'sche Kasten sicherte das Pflanzenleben auf langen Transporten durch hohe Luftfeuchte im geschlossenen Wasserkreislauf.*

Wissenschaft herausbildeten. Die Royal Horticultural Society in England baute in Kew Gardens riesige Glashäuser mit Unmengen tropischer Flora für Wissenschaft und Forschung. Dies geschah sicherlich nicht ganz ohne politischen und finanziellen Antrieb: Tee, Zuckerrohr, Gewürze, Gummi und wertvolle Plantagenhölzer prüfte man hier auf den Anbau in den eigenen Kolonien, um die Gewinne zu maximieren.

Auch große Gärtnereien und Baumschulen leisteten sich eigene Expeditionen. Auf andere Weise waren ihre Kataloge nicht mit Raritäten zu füllen, die in ganz Europa auf größtes Interesse stießen. Besonders Adelige und später die Großindustriellen legten auf ihren großen Landsitzen beachtliche Schmuckpflanzungen an: Riesige Rhododendren und Kamelien, ebenso Zedern, Kiefern und Araukarien in ungekannten Ausmaßen sind heute noch bei einer Gartentour durch England zu besichtigen. Anfänglich wurden die Gehölze wie unbekannte Kiefern- und Tannenarten aus New England, Nordamerika, eingeführt. In Windeseile wurden diese Pflanzen getestet und weitervermehrt, um sie dem begeisterten Publikum als richtige Kassenschlager anzubieten.

Neue Blütenfülle für ganz Europa

Doch erst als die Forscher gen Asien aufbrachen, sollte sich die heimische Gartenflora grundlegend ändern. China und Japan waren lange Zeit durch eine rigide Außenpolitik vollkommen abgeschottet und ließen weder einen Handel noch den Aufenthalt von Fremden im eigenen Land zu. Die Opiumkriege zwi-

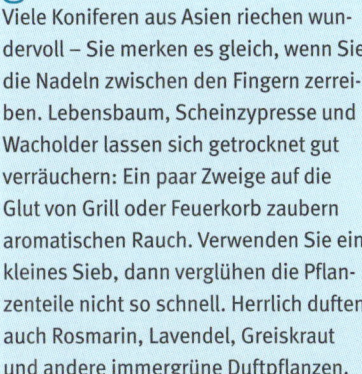

Einfach genießen

Viele Koniferen aus Asien riechen wundervoll – Sie merken es gleich, wenn Sie die Nadeln zwischen den Fingern zerreiben. Lebensbaum, Scheinzypresse und Wacholder lassen sich getrocknet gut verräuchern: Ein paar Zweige auf die Glut von Grill oder Feuerkorb zaubern aromatischen Rauch. Verwenden Sie ein kleines Sieb, dann verglühen die Pflanzenteile nicht so schnell. Herrlich duften auch Rosmarin, Lavendel, Greiskraut und andere immergrüne Duftpflanzen.

schen England und China verschlimmerten diese Situation noch zusätzlich. Ausländer wurden schnell als Staatsfeinde und Spione bezichtigt, Forschungsreisen waren nicht durchzuführen. Erst mit dem Ende dieser Auseinandersetzungen ab 1860 war es Pflanzenjägern möglich, das Land vorsichtig zu bereisen und das »grüne Gold« zu bergen. Neben der Forsythie gelangten vor allem viele Rhododendren, Azaleen und die wundervoll blühenden Kamelien nach Europa und sorgten hier für eine Welle der Begeisterung. Größer als die einheimischen Exemplare wie die Bewimperte Alpenrose *(Rhododendron hirsutum)* und die Rostblättrige Alpenrose *(Rhododendron ferrugineum)* waren sie allemal. Nur entsprechend frostfest mussten sie noch werden – was zu einer regen Züchtungstätigkeit in englischen, niederländischen und gerade auch deutschen Baumschulen führte.

Oben: *Auf der Suche nach winterharten Rhododendren und Azaleen in chinesischen Gebirgsregionen brauchten Pflanzenjäger großen Wagemut und noch mehr Ausdauer.*

Hier sind Profis am Werk

Durch die vielen Exoten, die ihren Weg nach Europa fanden, und die zunehmende Industrialisierung gegen Ende des 19. Jahrhunderts veränderte sich auch die gärtnerische Mode in Deutschland. So steigerte der zunehmende Wohlstand des Bürgertums beispielsweise den Bedarf an seltenen Koniferen und Rhododendren. Hier waren die Baumschulen gefragt! Weitsichtige Inhaber wechselten zusehends ihr Sortiment und vermehrten immergrüne

Oben: *Rhododendren entwickelten sich gegen Ende des 19. Jahrhunderts zu einem wichtigen Wirtschaftsfaktor. Das sorgte für eine große Sortenvielfalt.*

Rechts: *Koniferen gibt es in allen Farben und Formen. Am besten lässt sich die Pracht in einem Arboretum entdecken, das der intensiven Sammlung und Sichtung diente.*

Laub- und Nadelgehölze statt wie bisher Obstgehölze, Heckenpflanzen und Rosen. Besonders Rhododendren, auch Rosenbäume genannt, waren begehrt. Mit Exemplaren aus England und Ware von eigenen Expeditionen nach China und Japan bauten die Baumschulen große Sammlungen auf. Im norddeutschen Ammerland bei Oldenburg entwickelte sich die wichtigste Baumschulregion für Rhododendren und Koniferen. Hier waren die Winter für die frostempfindlichen Engländer mild

genug und der Boden torfig. Die Frosthärte war neben neuen Farben und einem kompakten Wuchs das Hauptziel der Züchtung – heute gibt es sogar Sorten für kalte Mittelgebirgslagen. Von der Idee des Züchters bis zum blühenden Erfolg ist es allerdings ein langer Weg: Im ersten Jahr werden zwei passende Partner gesucht – z. B. weiß und großblumig der eine, rot und frosthart der andere. Das bringt im besten Falle großblumige, frostharte rosa Nachkommen. Die Blüten werden bestäubt und im nächsten Jahr ausgesät. Im Jahr darauf pikiert der Züchter die Sämlinge auf Beete. Über weitere drei bis vier Jahre wird gedüngt, gewässert und gepflegt, bis sich unter Tausenden blühender Sämlinge manchmal nur einer mit den gewünschten Eigenschaften findet.

Von der Veredelung bis zur fertigen Pflanze

Ein Trick, eine sehr edle Sorte mit robusten Wachstumseigenschaften auszustatten, ist die Veredelung. Dazu wählt der Züchter Stecklinge einer robusten Sorte, z. B. die Rhododendron-Sorte 'Cunningham's White' als Unterlage und zieht sie über zwei Jahre zu Jungpflanzen. Alles, was der Züchter von dieser Unterlage haben will, ist ihr Wurzelsystem, denn das garantiert, dass hierauf veredelte Sorten wie die rosa 'Germania' oder die rote 'Hachmann's Feuerschein' üppig wachsen. Im Winter wird dann die zweijährige Unterlage mit einer kleinen Triebspitze der Edelsorte über einen komplizierten Schnitt und ein festes Gummiband zusammengebracht. Allein der Umweg über die Veredelung auf die stark wachsende 'Cunningham's White' treibt die hiermit verbundenen Edelsorten zu großer Höhe und herrlichem Blütenflor. Diese Handgriffe von Spezialisten, aber auch die Kosten für die Gewächshausheizung und die Pflege für weitere fünf

Jahre machen veredelte Rhododendren so wertvoll – was sich natürlich auch im Preis niederschlägt.

Haben Sie die Pflanzenvermehrung schon einmal selbst versucht? Mit dem Trick des Abmoosens können Sie selbst auf relativ einfache Weise für Nachschub sorgen. Das funktioniert bei einfachen Rhododendren wie 'Cunningham's White', rosa 'Roseum Elegans' und lila 'Catawbiense Grandiflorum', Schneeball, Kamelien, aber auch bei Zimmerpflanzen, z. B. Gummibäumen. Wählen Sie dafür im Mai einen größeren Ast an schattiger Stelle. Am unteren Ende drehen Sie nun einen dünnen Draht so stark zusammen, dass er in die Rinde einschneidet. Hier entstehen später die meisten Wurzeln. Dann umwickeln Sie die Stelle armdick mit feuchtem Moos und umschließen das Moos eng mit Alufolie. Jede zweite Woche gie-

ßen Sie oben über einen kleinen Trichter eine Tasse Wasser nach, damit das Moos feucht bleibt. Bis Herbst bilden sich so viele Wurzeln, dass Sie die neue Pflanze abschneiden und in ungedüngte Erde pflanzen können.

Vielfalt bewahren im Baumpark

Um wilde Arten und neue Züchtungen besser zu beobachten, entstanden fast überall auf der Welt Baumparks, auch Arboretum genannt. Forstämter, universitäre Forschungseinrichtungen oder botanische Gärten unterhalten beispielsweise solche Sammlungen. Je älter sie sind, desto romantischer ist ein Spaziergang zwischen den altehrwürdigen Riesen, deren kleine Artverwandte wir in unseren Gärten pflegen.

Die Späth'schen Baumschulen in Berlin mit ihrem herrlichen Arboretum sind

dafür ein gutes Beispiel. Ab 1880 entstand die Anlage im Stil eines englischen Landschaftsgartens. Der Betrieb entwickelte sich um 1900 zur weltweit größten Baumschule und exportierte sogar nach Asien, Amerika und an den russischen Zarenhof. Im Arboretum sind viele immergrüne Bäume angesiedelt: Fichten, Scheinzypressen, Tannen und Kiefern aus Nordamerika und Asien mussten sich hier beweisen, denn die kalten, kontinental geprägten Winter in Berlin waren ein wichtiges Auswahlkriterium für die Garteneignung.

Das Arboretum der Universität Wien blickt ebenfalls auf eine mehr als hundertjährige Geschichte zurück. Sehenswerte Baumparks im Süden Deutschlands sind unter anderem die berühmte Insel Mainau im Bodensee und der Botanische Garten in München-Nymphenburg.

Mit Immergrünen gestalten

Ob als Hecke, Baum oder Strauch, als Staude oder prachtvolle Kübelpflanze – richtig in Szene gesetzt bieten Immergrüne mehr als grüne Blätter.

Eine Idee entsteht

Immergrüne werten jede Gestaltung auf.
Sie passen in romantische wie moderne Gärten, schaffen
klare Linien oder setzen Akzente in freien Gestaltungen.

Rechts: *In dieser modernen Gestaltung formen Eiben- und Buchsbaumhecken verschiedene Gartenzimmer. Der elegante Sandsteinbrunnen fügt sich übergangslos in die Hecke ein.*

Unten: *Achten Sie auf herrliche Farbkontraste: Gelblaubige Heide und Japanische Stechpalme leuchten hier mit lila Storchschnabel und den kugelrunden Zierlauchblüten um die Wette.*

Bei kleinen Umgestaltungen im Garten stellt sich stets die Frage: Wie plane ich, und wo fange ich an? Eine komplette Neugestaltung setzt sogar noch mehr Wissen voraus: Die kahle Weite bietet zwar den Vorteil, dass Sie alle Räume endlich funktional einander zuordnen können, sie braucht aber auch viel Vorstellungskraft. Damit die persönliche Gestaltung gelingt, halten Sie sich am besten an das folgende Programm.

Als Erstes brauchen Sie eine große Wunschliste! Welche Bereiche des Grundstücks möchten Sie angehen? Welche Immergrünen gefallen Ihnen am besten? Auch über den Stil sollten Sie diskutieren: Geschwungene Beete wie im Landschaftsgarten wirken natürlich, geometrische, ornamentale Formen erinnern an den Stil der italienischen Renaissance an, während in der modernen Gartengestaltung klare Linien und großzügige Flächen dominieren. Wer unterschiedliche Nutzungen vereinen möchte, gliedert am besten mehrere Gartenzimmer durch Hecken voneinander ab.

Nun nehmen Sie das Aufmaß der Fläche. Das heißt, Sie skizzieren die Umrisse des Grundstücks im Maßstab 1:100 auf einem DIN-A4-Blatt Karopapier. Ermitteln Sie die Grundstückslängen am besten mit einem Bandmaß. Ein Meter Terrassenlänge entspricht dabei einem Zentimeter auf dem Papier. Tragen Sie auch Bauten, Wege und Pflanzflächen ein. Verwenden Sie erst einen weichen Bleistift, zeichnen Sie nach den letzten Korrekturen mit einem schwarzen Kugelschreiber nach.

Wichtig für die spätere Planung sind die Himmelsrichtung und der Sonnenlauf auf Ihrem Grundstück. Sicher kennen Sie noch den alten Spruch aus Kindertagen: Im Osten geht die Sonne auf, im Süden hält sie Mittagslauf, im Westen will sie untergehen, im Norden ist sie nie zu sehen. Möglich, dass Nachbarhäuser oder hohe Bäume hier zu anderen Resultaten führen! Beobachten Sie an einem wolkenlosen Junitag den Garten stündlich und halten Sie auf dem Grundriss fest, wo die Sonne wie lange scheint. Das ist wichtig, damit die Bank für den morgendlichen Kaffee auch wirklich in der Sonne steht oder der hitzeempfindliche Rhododendron im hellen Baumschatten wächst.

Planen Sie gerade die Terrasse am Haus oder Gartensitzplätze im Hinblick auf Ihre Nachbarschaft. Oft ist es für den guten Kontakt förderlich, wenn man sich nicht auf Schritt und Tritt im Blickfeld hat. Neugier aus höheren Stockwerken können Sie durch einen Baldachin aus wetterfesten Stoffbahnen entgehen, der sich am Holzgerüst über die Terrasse spannt. Ansonsten wirken hohe Hecken aus Kirschlorbeer oder Lebensbaum wahre Wunder. Auch Rankgitter oder Paravents mit Efeu oder Immergrünem Geißblatt sind eine interessante Möglichkeit für mehr Privatsphäre.

Sichtachsen: dem Blick Halt geben

Sichtachsen sind ein wichtiges Gestaltungselement. Darunter versteht man eine freigehaltene »Schneise«, die den Blick auf ein Schmuckelement oder

einen besonders schönen Baum oder Strauch lenkt. Immergrüne eignen sich hervorragend, da sie auch im Winter eine gute Figur machen. Besondere Exemplare wie eine knorrig gewachsene Kiefer können Sie auch mit Bodenstrahlern anleuchten. Als Endpunkt der Sichtachse kann auch eine Deckelvase aus Terrakotta stehen, beispielsweise vor einer Rhododendron-Hecke.

Legen Sie die Sichtachse so an, dass Sie sie von Ihrem Lieblingsplatz im Garten und nach Möglichkeit auch aus dem Wohnzimmer vom Sofa aus im Blick haben. Weitere wichtige Orte: Esszimmertisch, Lieblingssessel und Küchenarbeitsplatz. Am besten spannen Sie eine Schnur, um eine gerade Sichtachse zu erstellen, besonders bei langen oder abschüssigen Gärten. Bitten Sie eine Person um Hilfe, die mit dem Ende der Schnur auf dem Lieblingsplatz sitzen

bleibt. Nun gehen Sie bis zum Ende der Sichtachse und befestigen dort die Schnur. Ist der Endpunkt vom Lieblingsplatz aus zu sehen? Dann schneiden Sie alle Zweige zurück, die in den Weg ragen und so die Sichtachse stören. Ist der Endpunkt nicht zu sehen, überdenken Sie die Platzierung der Sichtachse neu. Wichtig ist, dass sie auch von den Seiten immergrün eingegrenzt, ja regelrecht eingezwängt wird – das erzeugt größere Spannung.

Jetzt wird entworfen

Ist diese Bestandsaufnahme geleistet, geht es ans Skizzieren. Was wollen Sie verwirklichen? Möchten Sie das Grundstück mit einer immergrünen Hecke umrahmen oder gleich mehrere Gartenzimmer durch Hecken eingrenzen? Wollen Sie einen großen Baum als Blickpunkt pflanzen? Soll die Rasenfläche groß bleiben, oder steht Ihnen der Sinn nach üppigen Beeten? Skizzieren Sie die realen Ausmaße und die Lage auf einem Transparentpapier (Zeichenbedarf) oder auf Butterbrotpapier von der Rolle – das erleichtert die Entscheidung. Das Transparent wird einfach über den vorher angefertigten maßstabsgetreuen Grundstücksplan gelegt – so können Sie die immer gleichen Umrisse der Wege und des Hauses schnell durchzeichnen. Am Ende dieses gedanklichen Prozesses steht eine Skizze mit den Garteninhalten. Als Nächstes machen Sie sich Gedanken, in welchem Stil Sie Ihren Garten gestalten wollen. Dann nehmen Sie Ihre Skizze und legen Blickpunkte fest. Danach komplettieren Sie den Garten mit Bäumen, Sträuchern, Stauden, Bodendeckern und einer grünen Grundstücksgrenze.

Immergrüne Gartentypen

Ob frei und geschwungen oder formal und klar strukturiert – mit Immergrünen lässt sich jeder Gartenstil realisieren. Bedenken Sie bei der Gestaltung aber, dass bereits Vorhandenes wie Haus und Terrasse und der Garten eine harmonische Einheit bilden.

Modernes Ambiente

Große Bodendeckerflächen, einzelne solitäre Koniferen und dachförmig geschnittene Laubgehölze – die moderne Gartengestaltung wird bestimmt durch klare Strukturen und flächige Elemente. Für den zeitgemäßen Look sorgen Immergrüne wie Storchschnabel in großer Fläche, ausladende Schirmbambushorste und Immergrünes Geißblatt. Wichtig ist eine raumgreifende Terrasse und ein großzügiger Rasen. Eine solche Gestaltung passt zu jeder Architektur, bietet viel Platz für spielende Kinder und macht zudem kaum Arbeit. Kleine Grundstücke profitieren besonders davon.

Vielfältige Nutzung

Wer unterschiedliche Gestaltungsideen und Nutzungsarten in einem Garten vereinen möchte, sollte mithilfe von Hecken mehrere Gartenzimmer einrichten. Die Hecken wirken als verbindendes Element, auch wenn die vielen Pflanzen in den einzelnen Beeten zu ganz unterschiedlichen Farbgestaltungen und Nutzungen kombiniert sind. Um den Garten von der Terrasse aus zu erschließen, bietet sich eine zentrale Achse unterm Laubengang mit Immergrünem Geißblatt an. Auch ein großer Wintergarten mit Blick auf ein Wasserspiel im Becken lässt sich als zweiter Höhepunkt integrieren.

Asiatisches Flair

Freie geschwungene Formen und asiatisch anmutende Pflanzen sind für diesen Stil kennzeichnend. Mit immergrünem Bambus, Azaleen und Rhododendren entstehen ruhige grüne Sphären. Kiefern sorgen für Höhe in der Gestaltung. Ahorn, Gräser und Farne ergänzen den fernöstlichen Eindruck. Auch als Hingucker vor einer geschwungenen

Links: *Diese moderne Gestaltung eignet sich durch die Reduktion auf drei Oberflächen besonders für kleine Grundstücke: Durch Rasen, Holz und Wasser entsteht die Großzügigkeit.*

Rechts: *Eibenhecken teilen den Garten in verschiedene Gartenzimmer auf. So lassen sich die verschiedenen Gartenbereiche unterschiedlich nutzen, und dennoch entsteht ein harmonischer Gesamteindruck.*

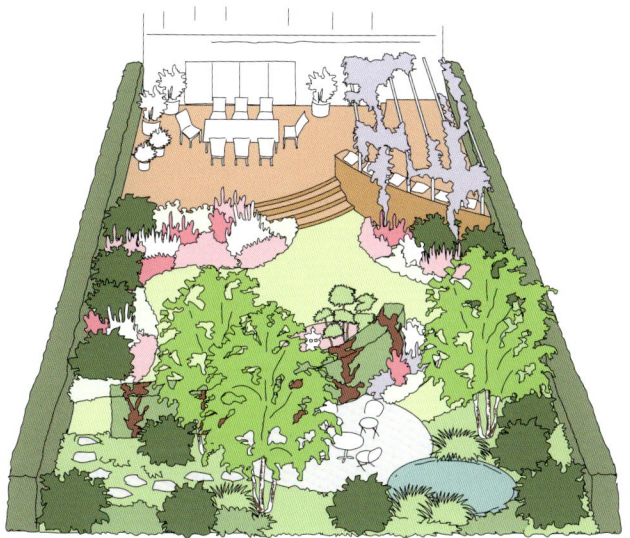

Heckenscheibe, z. B. aus rot- und grün-laubigen Buchen, fungieren Immer-grüne wie pagodenartig geschnittener Bambus, Rhododendren und hohe Grä-ser. Wasser spielt eine bedeutende Rolle im asiatischen Garten, z. B. ein rundes Wasserbecken im lichten Baumschatten.

Erinnerung an den Urlaub

Die mediterrane Gestaltung holt den Süden nach Hause: Schwarzkiefern ahmen mit ihrer ausladenden Form Pinien nach, sommergrüne Gehölze mit grauen Blättern geben ein Bild wie von flirrender Hitze, und immergrüne Halb-sträucher sorgen für den Blütenaspekt. Klassiker wie Rosmarin, Lavendel und Thymian dürfen nicht fehlen. Wege und Plätze aus Kies und sonnenspeichernde Mauern aus Tuffstein verstärken den mediterranen Effekt. Solche Gärten sind übrigens sehr pflegeleicht.

Romantische Renaissance

Eine Anlage im Stil der italienischen Renaissance verleiht Ihrem Grundstück einen repräsentativen Charakter. Ein solcher Garten lässt sich komplett aus immergrünen Pflanzen gestalten. Tra-gende Elemente sind mannshohe Um-randungen als Sichtschutz, Beeteinfas-sungen aus niedrigen Buchshecken, die symmetrisch oder in geometrischen Formen und Mustern gelegt sind, und einige in Form geschnittene Topiari-Figuren als Highlights.

Zum barocken Stil passt ein Wasserbe-cken mit Springbrunnen, auch Skulp-turen lassen sich gut in Szene setzen, z. B. links und rechts eines Durchgangs durch eine immergrüne Ligusterhecke. Wer Platz hat, stellt in zentraler Achse hinten einen rosenberankten Pavillon auf – das sorgt für räumliche Tiefe und wirkt besonders romantisch.

Englischer Landhausstil

Landhausgärten erinnern an kleine Parkanlagen im englischen Stil: mit geschwungenen Rasenflächen und Baumgruppen, in deren Schatten immergrüne Rhododendren ihre Blü-tenpracht zeigen. Die Wege schlängeln sich hier durch den Garten. So wird der Blick stets auf neue Überraschungen wie einen kleinen Teich oder eine blü-hende Rabatte gelenkt.

Links: *In dieser asiatisch-freien Gestaltung schafft eine geschwungene Hecke zwei Bereiche: einen vorderen mit asiatischem Blütenflor und einen hinteren mit wald-artigem Charakter im lichten Schatten.*

Rechts: *Immergrüne Buchsbordüren um Stauden- und Rosenbeete sind ein klassi-sches Gestaltungselement des Renais-sance-Stils. Durch die große Rasenfläche gewinnen besonders kleinste Gärten optisch an Tiefe.*

Sorgen Sie für Highlights!

Rechts: Große Buchskegel ziehen alle Blicke auf sich – besonders wenn wie hier die rosa Japan-Anemonen verblüht sind. Solche Formschnitte eignen sich bestens für kleine Bereiche.

Unten: Zwischen gelber Fadenzypresse und Zuckerhut-Fichte glänzt eine blaue Scheinzypresse in aktueller Wolken-Form. Niwaki heißt die japanische Schnittkunst.

Große Kiefern, veredelte Tannen oder aufragende farbenfrohe Scheinzypressenformen – das sind die Immergrünen, die bei uns im Garten für Aufsehen sorgen. Setzen Sie solche Blickpunkte an die strategisch wichtigen Orte, so gliedern Sie den Garten und setzen spannende Akzente. Die Grundstücksgrenze, die Einfahrt oder das Ende einer Sichtachse vom Küchen- oder Wohnzimmerfenster sind Bereiche, in denen sich Immergrüne gut in Szene setzen lassen.

Bei kleinen Gärten ist ein markantes Highlight bereits ausreichend. Vor allem große Koniferen wirken wie ein optischer Fels in der Brandung, weil sie das ganze Jahr über attraktiv bleiben. Besonders wichtig ist ihr großer Auftritt im Winter, wenn Laubgehölze in nächster Nachbarschaft schon längst alle Blätter verloren haben. Eine ausgewachsene Tränen-Kiefer mit ihren langen, feinen Nadeln an breit ausladenden Ästen ist für den Hintergrund an der Grundstücksgrenze ein echter Hingucker.

Andere Bäume für diese Aufgabe sind die Dreh-Kiefer *(Pinus contorta)* oder die schmale Zirbel-Kiefer *(Pinus cembra)*.

Ein Dreiklang aus Koniferen

Wenn Sie beim Planungsprozess (→ Seite 18/19) ein Grundstück neu aufteilen, bietet sich ein Dreiklang aus großen Koniferen an. Legen Sie dafür ein spitzwinkliges Dreieck über das Transparent, das Sie zu Beginn des Planungsprozesses gezeichnet haben, und schieben Sie es hin und her. So wählen Sie den jeweils besten Standort für Kiefer, Tanne und Zeder. Jetzt messen Sie zu allen Seiten die mögliche Breite des zukünftigen Großbaums und pflanzen im Umkreis von ca. 3 m keine anderen großen Exemplare, sondern hüfthohe und bodendeckende Koniferen. Für Minigärten bieten sich drei mannshohe Immergrüne als Hingucker an. Ein solcher Dreiklang wirkt am Anfang noch sehr kahl: Der Garten erscheint leer, überall ist nackte Erde zu sehen, und ein Sichtschutz zum Nachbarn fehlt auch noch. Damit die Gestaltung sofort gut aussieht, können Sie ältere Großgehölze kaufen. Eine weitaus günstigere Variante ist folgender Trick: Mit 3 m Abstand zum zukünftigen Dreiklang setzen Sie schnell wachsende Laubbäume wie Balsam-Pappel *(Populus balsamifera)* oder Silber-Weide *(Salix alba)*. Sie zeigen Jahreszuwächse von gut 1 m und sorgen schnell für Struktur in der Vertikalen. Nach zehn Jahren müssen Sie diese vorübergehenden Gäste allerdings fällen, sie werden sonst zu groß. Für die Zukunft übernehmen jetzt die drei Koniferen die Regie.

Spannende Akzente durch Farbe und Form

Nicht nur durch Größe, auch mit Farbe lassen sich gute Effekte erzielen. Schon seit Generationen sind blaue Töne bei

den Koniferen beliebt und bewährt. Die
blaue Edel-Tanne 'Glauca' und die blaue
Atlas-Zeder 'Glauca' bilden die häufigs-
ten Vertreter in unseren Gärten. Aber
Vorsicht: Pflanzen Sie die anfangs kleinen – weil durch Veredelung teuren –
Neuanschaffungen nicht zu dicht ans
Haus. Informieren Sie sich auch über
die Endhöhe: In den ersten zehn Jahren
legen beispielsweise Edel-Tanne und
Atlas-Zeder zwar kaum an Höhe zu,
nach der Jugendphase werden sie jedoch
schnell höher als ein Einfamilienhaus.
In sonnigen Gartenecken setzen Sie mit
der Farbe Gelb wertvolle Akzente. Gelb
sollten Sie aber nur sparsam einsetzen –
zwei Highlights sind im Hintergrund
eines großen Gartenbeets von 10–15 m
Länge schon genug. Hier bieten sich die
gelbe Scheinzypresse 'Alumigold' oder
'Yvonne', die Adlerschwingen-Eibe
'Aurea' oder der Orientalische Lebens-

baum 'Pyramidalis Aurea' (*Platycladus
orientalis*), der einen ganz ebenmäßig
säulenförmigen Wuchs hat, an.
Auch mit Topiari lassen sich schöne
Akzente setzen (→ Seite 32). Buchsbäume und Eiben beispielsweise können Sie herrlich zu Kugeln, Kegeln oder
allen möglichen anderen Figuren trimmen. Beide wachsen in voller Sonne wie
auch in tiefem Schatten. Als Einzelexemplare in kleinen Gartenecken, links
und rechts einer Treppe oder des Hauseingangs oder am Ende einer Hecke wirken Sie als wunderschöne Hingucker.
Der neueste Trend, um kleine Bereiche
aufzupeppen, heißt Niwaki. Diese japanische Schnitttechnik hält Eibe, Kiefer
oder andere große Koniferen in über-
schaubarem Format. Die einzelnen Astpartien der Bäume werden dabei in
Wolkenform geschnitten (siehe Kasten
Seite 32). Platzieren Sie einen solchen

Wolkenbaum am Hauseingang oder
unweit der Terrasse und unterpflanzen
Sie ihn mit einem großen Teppich aus
Golderdbeere oder Japan-Segge.

Balkon und Terrasse

Auch Balkone und Terrassen erhalten
mit Immergrünen schöne Akzente. Auf
der schattigen Freifläche im zweiten
oder dritten Hausgeschoss bieten sich
Glanzmispel-Hochstämme 'Red Robin'
im schweren Terrakotta-Topf an. Auch
die robusten weißen Rhododendren
'Cunningham's White' sehen toll aus.
Setzen Sie z. B. zwei, drei dicke Kugeln
nebeneinander in moderne Töpfe aus
Faserzement oder Kunststoff-Stein-
mehl-Mix. Die Sonne lieben Kiefern
und Wacholder. Buchsbäume eignen
sich weniger für den Balkon – ihre Wurzeln sind zu frostempfindlich.

Immergüne für die Tiefenwirkung

Die Leitakzente stehen fest – jetzt komplettieren Sie den Garten mit Sträuchern, Stauden, Bodendeckern und einer grünen Grundstücksgrenze. Denn erst mit der kompletten Mannschaft entsteht eine gute Gestaltung. Große Rasenflächen lockern Sie mit unterschiedlich hohen Pflanzen in kleinen Gruppen auf – z. B. in der Nähe der Terrasse oder im hinteren Grundstücksbereich. Erweitern Sie diese Gruppen zu schlanken Mäandern, so entstehen stimmungsvolle Gartenzimmer für vielfältige Nutzungen. Sie gliedern und geben Struktur. Tipp: Planen Sie mit Stift und Karopapier (→ Seite 19) erst eine umlaufende Hecke an der Grundstücksgrenze. Lassen Sie dann alle paar Meter unterschiedlich große Pflanzgruppen daraus entspringen – je nach Platz ragen sie mal 2 m, mal 5 m in den Garten hinein. Zusammen mit wenigen solitären Inseln entsteht eine naturnahe Form mit faszinierender Tiefenwirkung. Immergrüne Heckenpflanzen lassen sich für jeden Gartentyp als Sichtschutz verwenden, ob streng geschnitten oder frei wachsend (→ Seite 20/21). Entscheidend ist nur die Lage. Für sonnige Bereiche eignen sich die Lebensbäume 'Columna', 'Holmstrup' und 'Smaragd' sowie die Scheinzypressen 'Columnaris' und 'Yvonne'. Auch Bastardzypresse oder Eibe wachsen hier bestens. Für schattige Bereiche gibt es eine kleine, aber ebenso feine Auswahl. Pflanzen Sie hier Kirschlorbeer 'Herbergii' und 'Renault Ace' oder den weißen Rhododendron 'Cunningham's White'. Rhododendren brauchen genügend feuchte und vor allem humose und saure Böden (→ Seite 74/75). Sind die Verhältnisse nicht ganz so gut und der Boden eher lehmig, eignet sich die Neuzüchtung 'Dufthecke' mit Blüten in hellem Rosa.

Bemerkenswert wirkt auch die sehr robuste Eibe, die sowohl in der prallen Sonne als auch im tiefen Schatten gedeiht. Sie wächst zwar langsam und hat daher schon als Jungpflanze ihren Preis, ist aber gerade für streng geschnittene Hecken die erste Wahl. Verwenden Sie aber nie Eibensorten, sie lassen sich kaum schmal formieren, werden unten leicht kahl und fallen bei Schnee leicht auseinander. Doch Vorsicht, wenn Kinder im Garten spielen: Bis auf das rote Fruchtfleisch sind alle Pflanzenteile der Eibe giftig.

Kleine Bäume, große Sträucher

Nun füllen Sie die Zwischenräume zwischen den Hecken und den Leitakzenten. Vor den Hecken stehen immergrüne Laubgehölze, die dem Garten die notwendige Fülle verleihen. Sie lassen sich gut mit immergrünen Nadelgehölzen wie Wacholder oder Kiefern kombinieren. Denken Sie bei der Planung an Bühnenbilder: Wie auf einer Bühne

Unten: *Wichtig bei der Gestaltung: Schaffen Sie Durchblicke im Garten und variieren Sie mit den Höhen der Gehölze – das sorgt gerade bei großen Grundstücken für Abwechslung.*

sollten die Sträucher gruppiert sein, um den besten Effekt zu erzielen. Wichtig ist die Höhenstaffelung: Hohe Bäume kommen in den Hintergrund, mittelhohe Bäume und Sträucher gruppieren Sie als Mittelbau davor, dann folgen niedrige Sträucher. Schließlich bilden Stauden und Bodendecker den Übergang zum Rasen oder zu einem Weg. Vielleicht haben Sie eine Konifere bis 6 m Höhe als Leitakzent an der Grundstücksgrenze geplant. Dann schließt sich der Mittelbau mit 2–3 m hohen Immergrünen an, z. B. Großblättrige Berberitze mit hübscher gelber Blüte und Lanzen-Berberitze mit zierlichen, sehr dekorativen Blättern. Auch Runzliger Schneeball mit großem Laub für sonnige wie schattige Lagen sowie die Stechpalme 'I.C. van Tol' mit vielen roten Beeren eignen sich.

In den vorderen Bereich pflanzen Sie kleinere Vertreter wie Feuerdorn mit herrlich bunten Früchten, die stachelfreie Japanische Stechpalme 'Rotundifolia' mit kleinen Blättern und den Oster-Schneeball mit weißen, zauberhaft duftenden Kugelblüten. Der lilablütige Rhododendron 'Goldflimmer' mit gelb gefleckten Blättern und die dekorative großblättrige Schmuck-Mahonie sorgen für Farbe in schattigen Ecken.

Niedriges für den Beetabschluss

Kleine Sträucher wie der frostharte Kletternde Spindelstrauch 'Vegetus' und die kleine kugelige Buchsbaumblättrige Berberitze 'Nana' (Berberis buxifolia) leiten zu niedrigen Bodendeckern oder direkt zur Rasenfläche über. Auch Teppich-Zwergmispel 'Thiensen', Traubenheide 'Rainbow' und Schnee-Heide 'Kramer's Rote' vermitteln an Wegen, Böschungen oder Treppen. Den Abschluss zum Weg oder zur Rasenfläche bilden niedrige Bodendecker und blühende Polsterstauden.

Als Faustregel gilt: Je kleiner eine Pflanze ist, desto mehr Exemplare sollten Sie pflanzen. Während von den großen Sträuchern Dreiergruppen wie auch Einzelexemplare wirken, sollten Sie die kleinen Sträucher mindestens in Fünfergruppen setzen. Dadurch werden die Beetflächen harmonischer, der charaktervolle Wuchs jeder Pflanzenart wird besser wahrgenommen. Auch mühevolle Schneidearbeit verringert sich dadurch, denn bei einem wilden Sammelsurium verschiedenster Einzelkämpfer müssten Sie kleinwüchsige Exemplare immer mit der Schere vor den Übergriffen invasorisch wachsender Nachbarn retten.

Links: *Zur Abtrennung kleinerer Bereiche oder als Endpunkt einer Sichtachse eignen sich farbenfrohe Kombinationen aus mindestens mannshohen Koniferen und Laubsträuchern.*

Rechts: *Flächen mit niedrigen Bodendeckern – hier Wacholder und Heide – sollten nicht zu klein ausfallen. Das vermittelt optische Weite.*

Links: *Das feine rote Laub vom Fächer-Ahorn bildet einen schönen Kontrast zu Berg-Kiefern und aufrechten Scheinzy-pressen. Tipp: Nicht zu dicht pflanzen!*

Unten: *Raffiniert geplant ist die Füllung der buchsumsäumten Rechtecke: Lavendel in Weiß und Blau duftet im Sommer – im Winter gehen die Ilex-Kugeln auf Stamm in Führung.*

Die Mischung macht's

Immergrüne und Sommergrüne, also laubabwerfende Gehölze, brauchen einander. Sie sind wie die Partner in einer harmonischen Beziehung: Ohne den anderen geht es nicht! Pflanzungen aus sommergrünen Sträuchern sind im Winter leer und kahl. Gärten nur aus Immergrünen wirken hingegen ein wenig steril, weil sie zu fast jeder Jahreszeit gleich aussehen.

Allein die Mischung macht's: Mit einem Verhältnis von 60 Prozent Immergrünen und 40 Prozent Sommergrünen sind Sie auf der harmonischen Seite. Die Immergrünen sorgen dabei für Struktur und schaffen auch im Winter ein lebendiges Gartenbild. Laubabwerfende Gehölze zusammen mit Sommer- und Zwiebelblumen sorgen für den jahreszeitlichen Aspekt.

Höhepunkte rund ums Jahr

Eine gelungene Komposition wartet zu jeder Jahreszeit mit neuen Highlights auf. Sie könnte bestehen aus Spierstrauch 'Grefsheim' (*Spiraea cinerea*), der im Frühling mit seiner überschäumenden Blütenfülle beeindruckt. Im Sommer übernimmt die Strauchrose 'Uetersens Rosenprinzessin' die Führung, und im Herbst zieht die neue Japan-Ahorn-Züchtung 'Osakazuki' *(Acer palmatum)* alle Blicke auf sich. Im Winter treten große Bergenienblätter und die Weißbunte Stechpalme 'Argenteo marginata' an der Gartengrenze in den Vordergrund.

Mit den folgenden sommergrünen Sträuchern für sonnige bis halbschattige Standorte lockern Sie jede Koniferenpflanzung auf. Kombinieren Sie nach Belieben, aber wählen Sie die Pflanzen so, dass vom Frühjahr bis in den Herbst immer etwas blüht.

> Im Frühjahr bringen zeitige Sträucher Leben in den Garten. Nehmen Sie dafür die gelbe Forsythie 'Spectabilis' *(Forsythia × intermedia)*, rosa Magnolie 'Leonhard Messel' *(Magnolia × loebneri)* und den Elfenbein-Ginster *(Cytisus praecox)* in vielen Sorten und Farbtönen von Gelb bis Rot. Tipp: Zwiebelblumen wie Schneeglöckchen *(Galanthus nivalis)*, Krokus 'Goldilocks' *(Crocus chrysanthis)* und Narzisse 'Jetfire' *(Narzissus)* sind die ersten Blüher im Schnee.

> Den Sommer über spenden robuste rosa Beetrosen wie die unübertroffene 'Bonica 82' oder die robuste dunklere Neuzüchtung 'Leonardo da Vinci' viel Farbe. Dazu passen der duftende weiße Pfeifenstrauch 'Belle Etoile' *(Philadelphus)*, die fast immerblühende weiße Ball-Hortensie 'Annabelle' *(Hydrangea arborescens)* und die reich blühende rosa Deutzie 'Mont Rose' *(Deutzia)*.

> Später im Herbst sorgen hellrosa Garten-Eibisch 'Hamabo' *(Hibiscus syria-*

cus), blauviolette 'Blauraute' *(Perovskia abrotanoides)* und das Großfrüchtige Pfaffenhütchen *(Euonymus planipes)* mit seinen hübschen Früchten und einer sensationellen roten Blattfärbung für Aufsehen.

> Winter ist die Zeit der Immergrünen. Zusätzlich beleben der duftende rosa Winter-Schneeball 'Dawn' *(Viburnum × bodnantense)*, die unverzagt gelb blühende Zaubernuss 'Westerstede' *(Hamamelis × intermedia)* und der Hartriegel 'Elegantissima' *(Cornus alba)* mit seinen lackroten Trieben den wartenden Garten.

Für schattige Standorte gibt es nur wenig Auswahl: Die fast immerblühende weiße Ball-Hortensie 'Annabelle' *(Hydrangea arborescens)* erhellt dunkle Bereiche im Sommer, die gelb blühende Zaubernuss 'Westerstede' *(Hamamelis × intermedia)* sorgt von Januar bis März für Farbe im Garten.

Oben: *Graue Töne von Walzen-Wolfsmilch und Hasenschwanzgras bringen Eleganz in die herbstliche Rabatte – diese immergrünen Stauden und Gräser sind schöne Partner für Koniferen.*

Laubschönheiten als Lichtblicke

Wer denkt, immergrün sei einfach nur grün und langweilig, irrt auf ganzer Linie. Es gibt die Farbe Grün nicht nur in vielen verschiedenen Schattierungen – manche Pflanzen treiben es sogar richtig bunt! Es sind die hübschen Mutationen, die Pflanzenjäger in der Natur oder eifrige Gärtner in ihren Vermehrungsbeeten gefunden haben. Panaschierung oder Variegation nennt man die aufsehenerregenden Blattfärbungen mancher Laubgehölze und auch Koniferen. Die Blätter erscheinen dabei mal in Weiß, Creme, Rosa oder Gelb. Manchmal sind die Blätter marmoriert, umrandet oder gar gestreift. Des Rätsels Lösung: An diesen Stellen fehlt das Blattgrün, und eine andere Farbe scheint durch. Für kleine Gärten bieten diese Schönheiten einen tollen Nebeneffekt: Weil das Blattgrün in den Zellen wie ein Motor wirkt und für die Energieversorgung zuständig ist, wachsen stark panaschierte Pflanzen langsamer als ihre reingrünen Verwandten.

Sträucher einzeln in Szene setzen

Wählen Sie einzelne Glanzlichter bei der Gestaltung Ihres Gartens mit Bedacht aus. Gerade große Gehölze wie die gelb gerandete Stechpalme 'Golden King' oder die Sorte 'Silver Queen' mit weißem Blattrand leuchten weit durch den Garten. Sie schmücken einzeln im Beet oder als Akzent am Ende einer Sichtachse (→ Seite 18/19). So lassen sich in einem kleinen Garten Akzente setzen (→ Seite 22/23). Hübsch sind sie als zentraler Punkt eines Beetes, als Zierde am Hauseingang oder in einer einheitlich grünen Pflanzung.

Im Beet kommen sie weder in die Mitte noch genau an den Rand, sondern werden nach dem Goldenen Schnitt verteilt. Vereinfacht bedeutet diese Lehre für harmonische Aufteilung in Architektur und Kunst: Teilen Sie eine Strecke in drei gleiche Abschnitte auf. Jeweils an den Übergängen vom ersten zum zweiten Drittel oder vom zweiten zum dritten Drittel setzen Sie eine panaschierte Pflanze. Dadurch wirkt das spätere Gartenbild harmonischer – ganz gleich, ob bei einer großen Anlage oder einer kleinen Beetecke. Dazu passen ein oder zwei kleinere Sträucher, die Sie schräg versetzt in den Vordergrund pflanzen. Bewährt haben sich hier: Aukube 'Variegata' *(Aucuba japonica)*, die buntlaubige Ölweide 'Maculata' oder der Rhododendron 'Goldflimmer' mit gelb geflammten Blättern.

Unten: *Farbenfroh zeigt sich dieser formale Gartenteil: So rund wie die kugeligen Abschlüsse der Buchshecken ist die zentrale Form aus der Stechpalme 'Golden King'.*

Auf die Pflege achten

Ein lichter halbschattiger oder besser ein sonniger Standort sind wichtig für die Laubausfärbung. Denn trifft zu wenig Licht auf die Blätter, mildert sich der schöne Kontrast – die Färbung verwäscht. Viele panaschierte Gehölze sind zudem etwas empfindlicher als ihre grünen Verwandten. Mit einer Handvoll Patent-Kali (Gartenmarkt) pro m² im August stärken Sie die Frosthärte.

Oft wachsen plötzlich kräftige Äste mit reingrünen Blättern aus einer panaschierten Pflanze. Der Grund: Viele besondere Gehölze werden auf eine wüchsige Unterlage veredelt, die selbst keine panaschierten Blätter hat. Treibt die Unterlage aus, bilden sich Triebe, die oft sehr schnell wachsen, anderes Laub tragen und manchmal die Edelsorte schon nach wenigen Jahren komplett zurückdrängen. Schneiden Sie sie aber nicht einfach ab, sondern legen Sie den noch jungen Trieb frei und reißen Sie ihn mit einer schnellen Handbewegung von der Unterlage. So verhindern Sie, dass Knospen für einen erneuten Austrieb an der Pflanze verbleiben.

Bodendecker und Klettermaxe

Nicht nur Sträucher und Bäume, auch Bodendecker und Kletterpflanzen gibt es mit schöner Laubfärbung. Sie lassen sich gut als Aufheller in kleinen Beetsituationen einsetzen. Vor dunklem Eibengrün, auf kleinen Rabatten am Haus oder an den Stämmen großer Tannen wirken die bunten Blätter äußerst dekorativ und aufhellend.

Zwei Pflanzengattungen überraschen dabei immer wieder mit neuesten Blattkreationen: Efeu und Kletternder Spindelstrauch. Größeres Laub mit noch mehr Blattzeichnung oder ein intensiveres Gelb sind nur einige Vorzüge, die die neuen Sorten zu bieten haben. Beide Gattungen wachsen als dichter Bodendecker oder ranken in die Höhe – je nach Raumsituation. Die schönsten Sorten mit guter Frosthärte sind beim Efeu die weißbunten Sorten: 'Angularis Aurea', 'Discolor' und Kolchischer Efeu 'Dentata Variegata'. Beim Kletternden Spindelstrauch wählen Sie: 'Emerald Gaiety', 'Emerald'n Gold', 'Sunspot' oder die Sorte 'Blondy'.

Die vielen Formen von Efeu und Spindelstrauch entstehen, weil es hier leichter als bei anderen Gattungen zu Mutationen kommt. Diese Veränderungen im Erbgut sorgen für den neuen Look und frische Farben.

Links: *Bunter Efeu bildet hier einen märchenhaften Pavillon – mit seinen Haftwurzeln klettert er die Streben problemlos empor.*

Rechts: *Eines der schönsten panaschierten Gehölze ist die Ölweide 'Maculata'. Sie eignet sich durch den langsamen Wuchs und die Schnittverträglichkeit auch für kleine Gärten.*

Oben: *Auf großen Flächen ergänzen sich immergrüner Zierrasen und die dichte Golderdbeere – beide bieten für organisch geschnittene Eibenhecken eine schlichte grafische Bühne.*

Rechts: *Die großen Blätter der immergrünen Bergenien bilden eine prima Bodendecke. Sie wachsen im Schatten oder am sonnigen Platz, z. B. entlang eines Weges.*

Beste Bodendecker – schön und robust

Für die kahle Erde unter der Hecke zum Nachbarn oder die Fläche unter hohen Birken bieten sich immergrüne Pflanzendecken an (Porträts → Seite 127–129). Das sieht gut aus und macht wenig Arbeit. Weil die Blätter den Boden schattieren, schützen sie ihn vor Austrocknung und verhindern, dass Samenunkräuter aufkeimen.

Als Bodendecker für sonnige Bereiche eignen sich: der feine, teppichartige Wacholder 'Repanda', der sehr frostharte Sibirische Teppichwacholder (*Microbiota decussata*) mit Winterfärbung in Kupfer sowie Besenheide, Schnee-Heide und andere Heidearten mit schönen Blüten. Für kleine Bereiche bieten sich Teppich-Golderdbeere und Teppich-Zwergmispel 'Thiensen' an.

In schattigen Ecken bilden die robusten Matten vom Efeu 'Hibernica', die runden Blätter der Gewöhnlichen Haselwurz und die vielen feinen Triebe des blaublütigen Kleinen Immergrüns dichte Teppiche. Besonders robust wach-

sen Elfenblume 'Sulphureum' und der Zwergbambus (*Pleioblastus pumilus*), der auf kleinen Flächen eine Rhizombegrenzung braucht. Der Balkan-Storchschnabel 'Spessart' und das Dickmännchen, auch Dicknarbe oder Schattengrün genannt, sind prima unter Bäumen: Im Herbst »schlucken« sie das Falllaub und sparen viel Arbeit.

Gut vorbereitet

Bevor Sie sich ans Werk machen, sollten Sie jedoch einige Punkte beachten. Die Fläche muss vor der Pflanzung völlig unkrautfrei sein. Am besten verwenden Sie einen glyphosathaltigen Unkrautvernichter (Gartenmarkt). Dann lockern Sie die Fläche mit einer Grabegabel, so tief es die Wurzeln der vorhandenen Gehölze zulassen. Den Boden bereiten Sie wie auf den Seiten 74–75 beschrieben vor. Dann pflanzen Sie Ihre Bodendecker. Wenn Sie wollen, geben Sie eine 10 cm starke Mulchschicht auf die Erde, das hält mehr Feuchtigkeit im Boden. Wässern Sie die folgenden drei Monate, um Ausfälle durch Trockenheit zu vermeiden.

Praxis-Tipps

Auf kleinen Flächen können Sie Rasengräser durch andere Pflanzen ersetzen. Hier bietet die blütenlose Römische Kamille 'Treneague' (*Chamaemelum nobile*) eine herrlich duftende Alternative in der Sonne. Ebenso Teppich-Thymian 'Bressingham Seedling' (*Thymus doerfleri*) und Rundblättriger Garten-Thymian 'Purpurteppich' (*Thymus praecox*) gedeihen hier. Schattige Plätze besiedelt das dichte mattenförmige Fiederpolster (*Cotula squalida*).

Oben: *Buchsbaum lässt sich leicht zu kleinen Formen wie Pyramiden und Kugeln im Topf dressieren. Hier schmückt er einen kleinen, ausgefallenen Stadtgarten mit Efeu und Wandbild.*

Rechts: *Große kunstvolle Figuren aus mehreren Ebenen schneiden Sie am besten aus Eibe. Sie ist robust und treibt gut aus. Im Vordergrund blüht die schwefelgelbe Mittelmeer-Wolfsmilch.*

Topiari – Form mit Tradition

Topiari, die Kunst, Hecken und Büsche zu geometrischen Ornamenten oder fantasievollen Formen zu schneiden, hat Gärtner schon immer fasziniert. Diese Gartenkunst ist Jahrtausende alt: Schon Ägypter und Perser formten Oliven und Zypressen. Später schmückten Kugeln, Kegel und streng geschnittene Hecken die mittelalterlichen Klostergärten und robusten Bauerngärten. Schließlich griffen Gartenarchitekten in der Zeit der Renaissance und des Barock die Idee erneut auf – überall tanzten hier Figuren aus Formschnitt in der ersten Reihe!

Stilvoll kombiniert

Wenn es um Formen geht, sind bei Topiari der Fantasie keine Grenzen gesetzt. Bedenken Sie bei der Auswahl aber den Stil Ihres Gartens. Klassische Formen wie Kugeln, Kegel, Pyramiden oder Obelisken lassen sich am besten eingliedern – ob in einen englischen Landhausgarten oder einen modernen Stadtgarten. Meisterhaft wirken sich verjüngende Spiralen, etagenartig angeordnete Scheiben um einen mittleren Stamm oder linear übereinandergestapelte Kugeln. Wer es verspielt mag, greift zu Tierformen, z. B. ein überlebensgroßer Pfau aus Eibe. Solche Formen passen gut zu einem Renaissancegarten – in einer modernen Anlage würden sie eher wie ein Fremdkörper wirken. Für ein Gartenzimmer im asiatischen Stil mit Bambus, Teehäuschen und Steinlaterne wählen Sie am besten Niwaki-Wolkenbäume (siehe Kasten).

Welche Pflanzen eignen sich?

Für alle Einsteiger, die ihren Topiari selbst formen wollen, stellt sich immer die Frage nach dem richtigen Gehölz. Fachleute sind sich einig: Die Eibe eignet sich am besten! Ganz gleich, ob Sonne oder Schatten – dieses Nadelgehölz wächst an jedem Standort. Vielleicht kennen Sie das Problem bei Lebensbäumen oder Scheinzypressen: Stehen sie im Staudenbeet und eine Pflanze lehnt ihre großen Blätter für einige Monate gegen die Nadeln, entstehen durch den Vollschatten schnell

Praxis-Tipps

Bonsais in Wolkenform, Niwaki genannt, werden von Baumschulen fertig angeboten. Sie lassen sich aber auch gut selbst in Form bringen. Entfernen Sie bei Eibe, Kiefer oder breitrunder Scheinzypresse die Seitenzweige mit der Rosenschere bis auf Puschel am Ende der Äste. Die Puschel schneiden Sie dann während der nächsten Jahre mit der Heckenschere jeweils Ende August zu dichten und flachen Astpartien – fertig ist die Form.

braune Stellen, die nie wieder zuwach-
sen. Anders bei der Eibe! Sie verliert
keine Nadeln, ihre Triebe sind schnittverträglich und lassen sich zu den
schönsten Topiaris formen.
Besonders für die klassischen Formen
und Hecken ist Buchsbaum beliebt.
Viele Baumschulen und Gartencenter
bieten ihn inzwischen in einer Vielzahl
an Formen an, er lässt sich aber auch
leicht selbst in Form schneiden. Doch
Vorsicht: Buchs ist anfällig für den Pilz
Cylindrocladium buxicola, der die Pflanze schnell zum Absterben bringt. Auch
der Buchsbaumzünsler wird zuneh-
mend zum Problem. Die Raupe dieses
Falters frisst im Innern der Pflanze,
sodass der Befall oft erst sichtbar wird,
wenn es für die Pflanze schon zu spät
ist. Da beiden Schädlingen schwer bei-
zukommen ist, lohnt es sich, über Alter-
nativen nachzudenken: Liguster,
Lebensbaum, Stechpalme und Eibe sind
ein guter Ersatz. Hecken ersetzen Sie
durch Heckenkirsche 'Maigrün' oder
Japanische Stechpalme 'Stokes'.
Aufwendigere Schnittkunst ist meist aus
Bastardzypresse, Scheinzypresse oder
Mittelmeer-Zypresse *(Cupressus)*
geformt, Letztere kommt bei uns allerdings nur im milden Weinbauklima
über den Winter. Die Bäume in den
Größen von 2–3 m stammen meist aus
Italien. Hier sorgt die Sonne für ein
schnelles Wachstum, und die versierten
Baumschulgärtner unterstützen die
exakten Konturen mit ihrer Scheren-
schnittkunst. Das ergibt eine Qualität,
die vergleichsweise günstig ist.
Kiefern werden oft als Big Bonsais
gehandelt. Doch der Schnitt ist etwas
für Fachleute. Trickreich ist eine neue
Idee, »Nasto Eternity« genannt: Zwerg-
wüchsige Kiefernsorten werden an die
Zweigspitzen einer ausladenden alten
Pflanze veredelt, dadurch brauchen Sie
die Triebe nie wieder zu kürzen, was
eine Menge Arbeit spart. Infos finden
Sie im Fachhandel oder im Internet.

Oben: *Wer könnte die leuchtenden Zwergmispel-Beeren noch wirkungsvoller in Szene setzen? Die weißen Eiskristalle vom Raureif gibt es nur für kurze Zeit – genießen Sie es!*

Bunte Farben – auch im Winter

Wenn draußen Väterchen Frost regiert, kann die Show der Immergrünen beginnen! Mit dem ersten Schnee zeigt sich allerdings auch, ob die grundlegende Gestaltung des Gartens geglückt ist: Die niedrigen Einfassungen der Blumenbeete, die hohen Kirschlorbeerhecken zum Nachbarn – die weiße Auflage betont alle dunklen, schneefreien Vertikalen noch stärker und sorgt so für eine große räumliche Tiefe. So verleihen Immergrüne auch im Winter dem Garten eine Struktur. Doch nicht nur ihre Blätter schmücken zu dieser Jahreszeit den Garten. Manche Immergrüne blühen in der kalten Jahreszeit, andere warten mit leuchtenden Beeren auf.

Einige Pflanzen wandeln im Winter ihre Blatt- bzw. Nadelfarbe. So z. B. die kleine Berg-Kiefer *(Pinus mugo)* 'Carstens Wintergold'. Wer Abwechslung durch gelbe Töne liebt, ist mit ihr perfekt beraten. Wie durch ein Wunder färben sich ihre Nadeln mit der ersten Kälte in wunderschönes tiefes Goldgelb – mit der Frühlingswärme werden sie wieder grün.

Weitere Highlights sind die Aukube 'Variegata' *(Aucuba japanica)* mit ihren großen, gelbgrün gepunkteten Blättern, die sich gut als größeres Hintergrundgehölz im Halbschatten macht, und die Ölweide 'Maculata', die allerdings in der Sonne stehen möchte. Die Blätter beider Gehölze lassen sich gut in Sträuße und Gestecke einfügen. Schneiden Sie das Laub aber nur bei frostfreiem Wetter – so hält es länger. Weitere Pflanzen mit interessanter Laubfärbung finden Sie auf Seite 28–29.

Zarte Blüten im Winter

Winter ist die Jahreszeit, die wenig Farbe zu bieten hat. Umso wertvoller erscheinen Pflanzen, die uns in dieser Saison mit farbenfrohem Flor verwöhnen. Andere bringen Blüten mit herrlichem Parfum hervor. Diese botanischen Perlen sind wie ein Versprechen, dass es bis zum heiß ersehnten Frühling nur noch ein paar Wochen Wartezeit sind. Wer Duft liebt, pflanzt die Duftende Fleischbeere *(Sarcococca humilis)*. Der bis 60 cm hohe Strauch formt im Halbschatten mit der Zeit ein kleines Dickicht, das zur Blütezeit ab Januar ganze Gartenecken parfümiert. Einige Stängel sind auch herrlich als Duftstrauß für das Wohnzimmer. Wertvoll ist auch der kletternde Winter-Jasmin. Seine leuchtend gelben Blüten erscheinen an den immergrünen kahlen Trieben und sehen aus wie die Glocken der Forsythien. Weitere Kostbarkeiten sind die weiß blühende Christrose, eine kalkliebende

Staude, und die Stinkende Nieswurz mit großen, grünlichen Blütenständen (*Helleborus foetidus*).

Bunte Beere und leuchtende Rinde

Doch in der kalten Jahreszeit halten die Immergrünen noch mehr Überraschungen bereit: Sträucher mit bunten Beeren, auf denen sich die glitzernden Eiskristalle sammeln! Hohe Exemplare wie die Stechpalmen-Sorten 'Alaska' oder 'I.C. van Tol' ebenso wie große Zwergmispeln (*Cotoneaster salicifolius* var. *floccosus*) zeigen bis weit in den Winter ihre roten Beeren. In deren Nähe könnten Sie gut den Feuerdorn pflanzen, seine Sorten wachsen von hüft- bis übermannshoch und tragen Massen kleiner Früchte in Gelb, Orange oder Rot. Niedriger bleiben die Skimmie oder die bodendeckende Teppich-Zwergmispel 'Coral Beauty' (*Cotoneaster dammeri*) mit rot schimmernden

Früchten. Auch die Scheinbeere 'Rosea', die bis in den Januar hinein mit ihren rosa Früchten beeindruckt, wird kaum einen halben Meter groß.

Eine schöne Ergänzung zu den Immergrünen ist der Hartriegel. Dieser sommergrüne Strauch hat seine hohe Zeit, wenn seine Blätter gefallen sind. Dann gibt er den Blick frei auf seine intensiv gefärbte Rinde. Es gibt für fast jeden Ton eine Sorte: gelbe Zweige hat 'Flaviramea' (*Cornus stolonifera*), lackrot glänzt 'Sibirica Variegata' (*Cornus alba*), dessen Blätter zusätzlich weiß gerandet sind, und schwarze Triebe hat die Sorte 'Kesselringii' (*Cornus alba*).

Interessant ist die neue Sorte 'Midwinter Fire' (*Cornus sanguinea*), die je nach Schnitt nur eine Höhe von 60–120 cm erreicht. Mit ihren gelb-orangeroten Trieben erzielt sie eine große Fernwirkung besonders im winterlichen Garten. Hübsch sind die Zweige in einer großen Bodenvase, auch wenn sie später erstes zartes Grün treiben.

Unten: *Wie wunderschön der Schnee den Garten verzaubert. Durch die weißen Hauben treten die gestaltenden Grundstrukturen wie Hecken und Formschnitt noch stärker hervor.*

Immergrüne für Balkon & Terrasse

Wer nur einen Balkon oder eine kleine Terrasse zur Verfügung hat, für den sind Immergrüne die beste Begleitung. Ob Kiefern und Wacholder für sonnige und gar windige Plätze oder Fichten und Tannen für feuchtere Ecken im Halbschatten – für alle Standorte gibt es eine große Auswahl. Immergrüne sind pflegeleicht und bleiben Ihnen als praktische Dauerbepflanzung oft Jahre erhalten. Auch zur kalten Jahreszeit wirken sie reizvoll. Setzen Sie die Immergrünen daher am besten in die Sichtachse des Sofas – so haben Sie sie auch im Winter im Blick.

Unten: *Platz ist auf dem kleinsten Balkon – zumindest für Kiefern- und Tannenzwerge. Auf einem Stämmchen mit Sommerblumen als Unterpflanzung machen sie in glasiertem Steingut eine prima Figur.*

Immergrüne Hauptakteure

Ganz besonders für Balkon und Terrasse eignen sich Mini-Koniferen. Sie lassen sich nämlich wunderbar in frostfesten Gefäßen arrangieren. Das Geheimnis dieser Zwergkoniferen liegt in ihrer Herkunft: Sie entstehen durch Knospenmutationen, d. h. Zellveränderungen an einem Trieb, und bleiben daher ihr Leben lang handlich klein. Diese auch Hexenbesen genannten Triebe sind äußerst dekorativ und werden über die Jahre nur wenig größer.

Mit etwas Glück können Sie ein Exemplar in ausgedehnten Kiefernwäldern oder bei frei stehenden Birken auf einem Spaziergang entdecken. Echte Zwergkoniferen gibt es von fast allen Koniferen, die in diesem Buch beschrieben werden. Sie werden in der Baumschule aufwendig von Hand veredelt und brauchen jahrelange Pflege, bis sie in den Verkauf kommen. Ihr Leben lang bleiben sie klein, denn ihr Wachstum ist der Pflanze genetisch vorgegeben. Sie sind nicht zu verwechseln mit günstigen »Kleinkoniferen« aus dem Supermarkt. Hierbei handelt es sich um Jungware, die schon nach wenigen Jahren übermannshoch werden kann. Es gibt auch klein bleibende Sorten von vielen Arten, vor allem von Scheinzypresse und Wacholder. Hier sollten Sie sich jedoch gut beraten lassen, um sicherzugehen, dass die betreffende Sorte wirklich nur kniehoch wird.

Gekonnt in Szene gesetzt

Hexenbesen lassen sich auf Balkonen und Terrassen hervorragend gestalten: Als Solitäre in kleinen Schalen schmücken sie die Pflasterkante als Übergang zur Rabatte oder zum Rasen. Oder Sie stellen mehrere als Sammlung auf einer kleinen Bank oder einem Regal zusammen. Kleine runde Hexenbesen kommen dabei in niedrige Schalen, schmal

aufstrebende oder hängende Formen stehen in hohen, schlanken Töpfen – das sorgt für Abwechslung. Bei größeren Töpfen wirkt ein bauchiges, flaches Einzelgefäß schön, für ein Pflanzen-Trio wählen Sie hohe, schlanke Gefäße. Wählen Sie die Größe der Pflanzen und Töpfe entsprechend dem Platzangebot auf Ihrer Terrasse oder Ihrem Balkon. Hexenbesen haben auch nach Jahren kaum einen größeren Platzbedarf und stehen daher immer im gleichen Gefäß.

Attraktive Begleiter

Wählen Sie zur Unterpflanzung von Koniferen nur ganz niedrige Pflanzen. Sommerblumen wie Geranien & Co. würden die Zwergkoniferen komplett überwachsen. Nadelfall und braune Stellen wären die unschöne Folge. Für sonnige Standorte haben sich bei einzelnen Kübeln oder ganzen Topfsammlungen folgende Bodendecker als Partner bewährt: graulaubiges Hornkraut (*Cerastium tomentosum* var. *columnae*) und Polster-Phlox (*Phlox subulata*) mit wundervollen Blüten in Blau oder Pink. Auch die Spinnweben-Hauswurz (*Sempervivum arachnoideum*) mit auffälligen Rosettenpolstern oder der Graue Polster-Thymian (*Thymus praecox* var. *pseudolanuginosus*) mit duftendem Laub bieten sich hier an. Für halbschattige bis schattige Lagen eignen sich grünlaubiges, dichtes Andenpolster (*Azorella trifurcata*), Fiederpolster (*Leptinella squalida*) und die Ungarische Gänsekresse (*Arabis procurrens*) mit weißen Blüten. Diese niedrigen Sorten überwachsen auch kleine Koniferen

nicht – keine Sorge also wegen Nadelfall und braunen Stellen, die durch Überschattung entstehen können.

Landschaft en miniature

Wenn Sie die verschiedenen Wuchsformen kombinieren, können Sie in einem großen Kübel oder einem alten Sandsteintrog auch leicht ganze Landschaften gestalten, die auch nach Jahrzehnten nur 50 cm hoch werden. Ein Kasten von 20 × 40 cm reicht völlig aus. Schmalkegelförmige und auf Stämmchen veredelte Pflanzen bilden dabei die Vertikale, daneben pflanzen Sie mit reichlich Abstand kugelförmige und schließlich teppichartige oder überhängende Charaktere. Attraktiv wirkt so eine Gestaltung, wenn Sie Findlinge, Tuffsteine oder Schieferplatten integrieren. Ist jetzt noch Erde frei, decken Sie sie mit Splitt, Moos oder kleinen Polsterstauden ab.

Links: *Hübsche Deko für kalte Tage: Baumheide, Skimmie und gelbbunte Duftblüte schmücken Balkon, Terrasse oder Hauseingang. Vermeiden Sie vollsonnige Standorte.*

Rechts: *Ganz modern geben sich die breiten Kegel aus gelber Baum-Heide 'Albert's Gold' (Erica arborea) im Gefäß aus Edelstahl. Darunter formen Klinker und Schiefer ein Mosaik.*

Ganzjährig attraktive Beetideen

Ob bei der Anlage eines ganzen Grundstücks oder der Bepflanzung einer kleinen Rabatte am Haus – mit Eibe & Co. nehmen Ihre Ideen Gestalt an.

Immergrüner Vorgarten
Immergrüne sehen das ganze Jahr über gut aus, und viele lieben den Schatten. Das macht sie für den Vorgarten besonders geeignet.

Der Vorgarten eines Hauses repräsentiert Geschmack und eigene Werte, er ist wie eine Visitenkarte für Besucher und nächste Nachbarn. Warum sollte es hier nicht das ganze Jahr bemerkenswert gut aussehen? Immergrüne Pflanzen sind dabei der wichtigste Part. Planen Sie robuste

Oben: *Im Schatten ergeben die üppig blühenden Rhododendren 'Cunningham's White', 'Catawbiense Grandiflorum' und 'Blue Tit', Buchsbaum und Efeu als robuster Bodendecker ein freundliches Bild.*

Rechts: *Auf der Sonnenseite begrüßen Buchsbaum, Wacholder und zwei hohe Lebensbäume 'Smaragd' als Treppenwächter die Gäste. Die aufgeastete Kiefer gewinnt mit der Zeit an Form.*

Bodendecker mit ein, das minimiert den Pflegeaufwand, z. B. das Unkrautjähten. Viele Vorgärten, v. a. von Reihenhäusern, liegen im Schatten – denn die Hauptgärten und Terrassen sind meist nach Süden ausgerichtet. Steht vor dem Haus ein Baum, nimmt das dem Vorgarten zusätzlich Licht. Beobachten Sie einmal den Sonnenlauf während eines ganzen Sommertages und machen Sie sich exakte Notizen. Halten Sie dabei sowohl den Schattenwurf des Hauses als auch der Bäume und Sträucher fest. Mit

Malkreide können Sie auf dem Gartenweg Markierungen machen, in den Beeten eignet sich eine Spur aus Sand. Beachten Sie, dass Sonnenstrahlen im Sommer aufgrund des höheren Standes in Ecken scheinen, die in den anderen Jahreszeiten im Schatten liegen.

Vorgarten im Schatten

Rhododendron 'Cunningham's White' mit der kleinen lilablauen Sorte 'Blue Tit' und eine geschnittene Japanische Stechpalme machen vor dem Hauseingang immer eine gute Figur. Diese prachtvolle Kombination besticht durch ihre unterschiedlichen Grüntöne – und das bei minimalem Pflegeaufwand. Als robuste Bodendecke eignet sich Efeu. Alternativ können Sie den Kletternden Spindelstrauch 'Emerald Gaiety' pflanzen, seine weiß gerandeten Blätter schaffen zusätzliche Lichteffekte. Bei einem größeren Vorgarten können Sie hohe Hecken aus Eibe oder Portugiesischer Lorbeerkirsche (*Prunus lusitanica*) einplanen. Weitere immergrüne Pflanzen bilden dazu die Struktur: Eine pyramidenartig geschnittene Hemlocktanne sorgt für Höhe, darunter bildet Haselwurz (*Asarum europaeum*) eine dichte Bodendecke. Die Hauswand ziert der großblättrige, gelb panaschierte Efeu 'Sulphur Heart'. Die flachen Bereiche dazwischen – die dem Garten wertvolle Tiefe verleihen – sind mit Wurmfarn, Elfenblume 'Sulphureum' und Storchschnabel bepflanzt. Zusammen mit dem zähen Steinsamen (*Lithospermum purpurocaeruleum*) sind sie unter alten Bäumen ein prima Ersatz für

Rasen, der im Dunkel der Bäume ohnehin nicht gedeiht. Wurzeldruck ist für diese Stauden kein Problem, sie bilden einen schönen grünen Teppich.

Vorgarten in der Sonne

Lebensbaum 'Smaragd', verschiedene Wacholder und Berg-Kiefern lassen sich gut zu einer klassischen Aufgangssituation zum Haus formieren. Große Strauchrosen oder Blütenstauden wie Eisenhut (Aconitum) sorgen hier für einen Blütenaspekt. Eisenhut ist allerdings giftig, das gilt es besonders bei kleinen Kindern zu bedenken. Attraktiv wirken auch große Immergrüne wie Kirschlorbeer 'Renault Ace' und die Großblättrige Berberitze. Sie können als Hausbäume gezogen werden und dienen dann als Beschattung für einen kleinen Platz. Für Hecken können Sie Glanzmispel 'Red

Robin', Eibe oder Liguster 'Lodense' verwenden. Als Bodendecke im sonnigen Vorgarten eignen sich Lavendel 'Munstead Blue', das Heiligenkraut, die Teppich-Zwergmispel 'Thiensen' oder die niedrige Wacholder-Sorte 'Repanda'.

Eine harmonische Einheit

Oft ist das Beet vorm Haus nur klein, gerade bei Reihenhäusern in der Stadt treten die übersichtlichen Flächen dann leicht miteinander in gestalterischen Wettstreit. Viel besser ist es, mit einem oder mehreren Nachbarn gemeinsame Sache zu machen und die Vorgärten zusammenzulegen. Das Ergebnis sind wunderschöne Anlagen ohne Grenzen, die großzügig und harmonisch wirken. Gleiche Liguster- oder Eibenhecken machen den Anfang, ähnliche Gartenpforten setzen den Schlussakkord.

Gartenprofis beziehen für eine gelungene Gestaltung der Szene die Hausfassade als Hintergrund mit ein. So findet sich der Klinker der Wand im Weg und an einem kleinen gepflasterten Sitzplatz wieder. Auch verputztes Mauerwerk, Schmiedeeisen oder moderner Sichtbeton bieten Anknüpfungspunkte für eine harmonische Gestaltung.
Fehlt Ihnen Farbe im Garten? Töpfe und Kübel als mobile Einsatztruppe am Hauseingang lassen sich schnell mit jahreszeitlich passenden Blühern wie Narzissen, Margeriten oder Heide bepflanzen. Achten Sie auch hier auf Materialien, die zum Gesamteindruck passen. Oft brauchen auch Fahrräder oder die Mülltonne einen Platz im Vorgarten. Mit Efeu oder Immergrünem Geißblatt begrünt, werden Sichtschutzwände, kleine Schuppen oder Stellplätze schnell unsichtbar.

Ganzjährig schöner Vorgarten

Auch auf wenig Raum können Sie viel bewegen, denn für eine raffinierte Gestaltung braucht es kein eigenes Parkgrundstück. Unser Beispiel zeigt ein Beet am Haus, das im Halbschatten liegt, bis kurz vor die Mittagszeit scheint hier die Sonne. Der vordere Beetbereich bekommt etwas mehr Licht – hier sorgt gelbes Laub für Abwechslung. Ein Rhododendron und getrimmte Scheinzypressen in halbkugeliger Form dienen als Leitelemente, grau- und silberlaubige Pflanzen setzen daneben extravagante Akzente. Nun folgen nur noch dichte Bodendecker, um die Fläche zu schließen, und es entsteht ein Vorgarten, der sich sehen lassen kann.

In voller Blüte

Blütenreich wird es in diesem Vorgarten mit dem Rhododendron 'Cunningham's White'. Sein früher weißer Flor verzau-

bert im April und Mai. Diese Sorte wächst fast überall, sie bleibt kompakt, blüht willig und bekommt kaum Krankheiten. In einem Torfbett sind Wachstum und Flor noch prächtiger (→ Seite 80–83). Falls der Rhododendron einmal zu groß geworden ist, lässt er sich ohne Probleme direkt nach der Blüte mit einer Heckenschere schneiden.

Die sommergrüne Kletter-Hortensie klettert mit ihren Haftwurzeln an der Fassade empor. Von Juni bis Juli, wenn der Rhododendron verblüht ist, erscheinen die kleinen weißen Blüten auf einer flachen Dolde.

Kugelrunde Höhepunkte

Ein weiteres Highlight sind zwei Scheinzypressen 'Plumosa Aurea' mit gelbgrünen Nadeln. Die dichte runde Kugelform auf mehreren Stämmen bleibt durch einen Formschnitt Ende August per Heckenschere erhalten. Das sieht nicht nur gut aus, sondern hat auch den Vorteil, dass die Pflan-

zen nicht das Fenster einwachsen. In örtlichen Baumschulen finden Sie eine große Auswahl an vorgeschnittenen Topiaris. Folgende Koniferen eignen sich als gute Alternative: Scheinzypresse 'Minima Glauca', Fichte 'Pumila Glauca', Berg-Kiefer 'Mops' und der Lebensbaum 'Teddy' wachsen ganz von allein in eine runde Form. Sie werden auch im Alter nur kniehoch.

Schicke Partner mit buntem Laub

Wichtig als optische Abwechslung sind Pflanzen im Vorgarten, die durch ihr Laub auffallen. Manche Pflanzen wie der sommergrüne Dost 'Thumbles Variety' tragen komplett gelb eingefärbte Blätter. Diese ganz anspruchslose Staude verschönert den sonnigen vorderen Beetbereich. Andere Laubstars schmücken sich mit einem weißen Rand um die Blätter, wie der Salbei 'Creme de la Creme'. Ihn kann man gut in der Küche verarbeiten, er schmeckt gebraten zu Nudeln oder mediterranen Gerichten. Ein einfaches Blatt auf dem Tellerrand ist eine stilvolle Dekoration. Neben dem Salbei zeigt sich das imposante Brandkraut mit immergrauem Blatt. Seine wahrhaft majestätische Erscheinung braucht wie der Salbei in kalten Wintern einen Schutz aus trockenem Laub und einer Reisigmatte. In warmen Sommern wächst das Brandkraut stark und blüht herrlich von Juni bis Juli mit auffälligen gelben Lippenblüten. Zu große Sträucher schneiden Sie im April um die Hälfte zurück, das sorgt für einen dichten Wuchs. Fehlen nur noch farbenfrohe Teppiche, die den Boden bedecken. Hier eignen sich Fetthenne 'Weihenstephaner Gold' mit gelber Blütenpracht von Juni bis Juli sowie die Walzen-Wolfsmilch, die mit ihren radial um den Trieb angeordneten grauen Blättern jeden Besucher entzückt. Ein Horst der Wald-Hainsimse sorgt für Abwechslung.

Pflanzplan
Beetgröße ca. 1,5 x 4 m

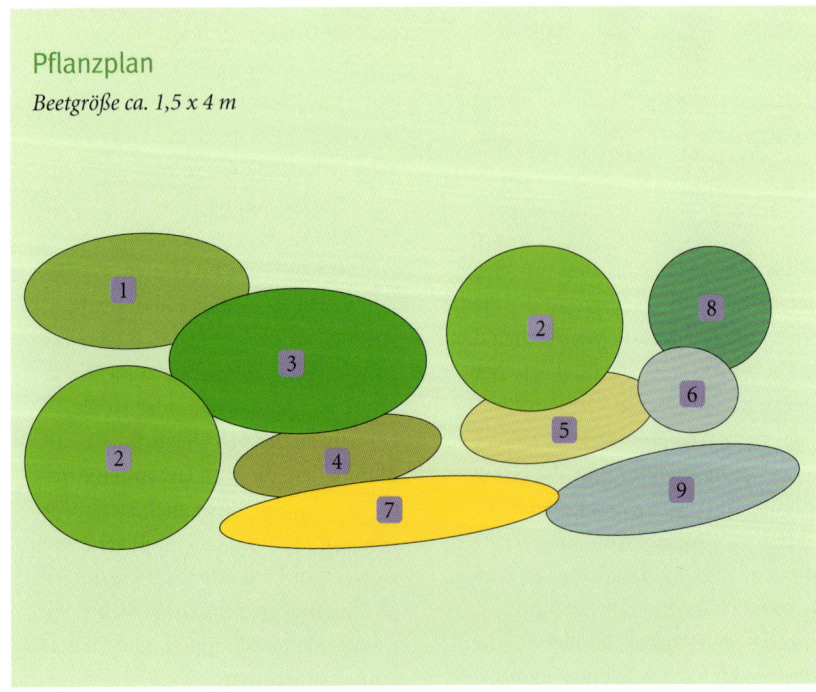

Pflanzliste

1. 1 Kletter-Hortensie (*Hydrangea anomala* ssp. *petiolaris*)
2. 2 Lawsons Scheinzypresse 'Plumosa Aurea' (*Chamaecyparis lawsoniana*)
3. 1 Rhododendron 'Cunningham's White' (*Rhododendron*-Hybride)
4. 3 Wald-Hainsimse (*Luzula sylvatica*)
5. 3 Gewöhnlicher Dost 'Thumbles Variety' (*Origanum vulgare*)
6. 2 Echter Salbei 'Creme de la Creme' (*Salvia officinalis*)
7. 5 Fetthenne 'Weihenstephaner Gold' (*Sedum floriferum*)
8. 1 Strauchiges Brandkraut (*Phlomis fruticosa*)
9. 3 Walzen-Wolfsmilch (*Euphorbia myrsinites*)

Oben: *Beim Thema Sichtschutz ist viel Platz für kreative Ideen: Hier werten Triebe von Bambus 'Aureocaulis' die blickdichte Holzwand auf. Als Einfassung der Terrasse dient Buchsbaum.*

Sichtschutz zum Nachbarn

Die Terrasse, der Sonnenplatz oder die Gartensauna lassen sich am besten genießen, wenn sie vor fremden Blicken geschützt sind. In diesen Bereichen oder rund um das gesamte Grundstück sorgt ein grüner Sichtschutz für Privatsphäre. Mit etwas Kreativität sind die Gestaltungsmöglichkeiten fast unbegrenzt. Dabei lässt sich für jede Situation eine passende Lösung finden. Der Grillplatz im Garten, die Loungegruppe auf der Reihenhausterrasse oder die private Leseecke mit Hängematte – wie schön ist hier das Gefühl, allein zu sein. Die freie Sicht von der Nachbarterrasse, von Fenstern der umliegenden Häuser oder dem angrenzenden Straßenraum können Sie leicht mit Hecken oder grün berankten Zäunen blockieren.

Sichtschutz mit Kletterpflanzen

Wer schnell einen Sichtschutz bauen möchte, wählt Maschendraht, hohen, preisgünstigen Wildzaun oder stabile Stabmatten und lässt Kletterpflanzen emporranken. Möglicherweise ist die Terrasse am Wohnzimmer – oft das soziale Zentrum des Gartens – aber auch von höher gelegenen Balkonen der Nachbarhäuser einsehbar. Hier bieten sich Pergolen mit sommergrünen Gehölzen an, die im Sommer vor Blicken und Sonne schützen, im Winter aber Licht ins Haus lassen. Außerdem dienen sie Gartenvögeln als Nisthilfe. Versierte Bastler fertigen sie aus Lärchen- oder Robinienholz selbst. Es gibt sie aber auch fertig zu kaufen. Folgende Gehölze eignen sich gut zum Beranken sowohl für den Zaun als auch für die Pergola: Immergrünes Geißblatt oder der robuste Kletternde Spindelstrauch (*Euonymus fortunei* var. *radicans*) mögen sonnige bis halbschattige Bereiche. Frostfeste grüne Efeusorten 'Hibernica' und 'Woerner' oder der großblättrige Kolchische Efeu 'Sulphur Heart' mit gelbbuntem Laub lieben den Schatten. Kappen Sie bei Efeuhecken in jedem April die vorjährigen Ranken am oberen Zaunende, so bleibt die gesamte Blattfläche herrlich dicht und schmal.

Grüne Mauern für sonnige Plätze

Vermutlich reicht es bei kleinen urbanen Grundstücken aus, nur die intensiv genutzten Bereiche mit blickdichten, pfiffigen Lösungen zu versehen, anstatt das ganze Grundstück hoch einzufrieden. Dafür sind immergrüne Pflanzen ideal, weil sie auch in der kalten Jahreszeit ihre Wirkung zeigen. Haben Sie nur wenig Platz zur Verfügung, sind Lebensbaum 'Smaragd' oder

'Columna' eine gute Wahl. Sie bleiben von Natur aus schmal und brauchen notfalls nur jedes zweite Jahr in der Breite einen Schnitt. Die Leittriebe kürzen Sie erst, wenn die Hecke die Endhöhe erreicht hat. Auch die neue Kirschlorbeer-Züchtung 'Genolia', Liguster und Eibe lassen sich per Heckenschere gut schneiden. Noch kaum bekannt ist der Schirmbambus 'Standing Stone' als Sichtschutzpflanze. Zu moderner Architektur passt er gut. Er bildet dünne, hellgrüne und blickdichte Mauern.
In einem größeren Garten bilden Prager Schneeball, reich fruchtender Feuerdorn, Großblättrige Berberitze und die hübsche Lorbeer-Glanzmispel mit Herbstfärbung eine lockere Hecke. Kleine Pflanzen aus der Baumschule vor Ort haben den gleichen Boden wie in Ihrem Garten und wachsen besser an als meterhohe Solitäre. Die Großen bieten zwar sofortigen Sichtschutz, sind aber teuer und für schmale Grundstücke schon anfangs zu breit gewach-

sen. Tipp: »Kahle Füße« von Schattenhecken umspielt die Elfenblume 'Sulphureum' mit immergrünem Laub.

Schutz im Schatten

Im lichten Schatten haben sich Schirmbambus 'Jumbo' und der frostharte Kirschlorbeer 'Renault Ace' bewährt. Auch Liguster 'Atrovirens' lässt sich zu hohen Hecken schneiden. Je mehr Licht auf diese Pflanzen fällt, desto wohler fühlen sie sich. Deswegen ist es gut, wenn Sie bei hohen Bäumen die unteren Äste entfernen oder einkürzen. In sehr schattigen Bereichen wächst nur die Gewöhnliche Eibe, die Sie zur dünnen dunkelgrünen Scheibe schneiden können. Verwenden Sie besser nicht ihre Sorten – die fallen meist auseinander. Haben Sie mehr Platz, lassen sich Runzliger Schneeball sowie Stechpalmen 'Alaska' und 'Heckenfee' mit niedriger Mahonie 'Apollo' und dem strauchigen Efeu 'Arborescens' kombinieren.

Unten: *Hohe Hecken aus Hainbuche sorgen für Privatsphäre und bilden geschützte Lieblingsplätze. Wichtig besonders im knappen urbanen Raum – denn der Garten ist zum Erholen da.*

Oben: *Im Halbschatten zaubert Bambus exotisches Flair auf Terrasse und Balkon. Es gibt frostharte Sorten in allen Größen.*

Rechts: *Auch im Topf machen wertvolle Buchsspiralen einen imposanten Eindruck. Ab November sollten Sie allerdings den Winterschutz des Ballens gegen Frost nicht vergessen.*

Topfparade auf Balkon und Terrasse

Bepflanzte Töpfe sind die mobile Einsatztruppe für eine schicke Optik. Überall, wo es gerade an frischem Grün, Blüten oder Beeren mangelt, kommen Immergrüne zum Einsatz.

Die Wirkung der Gestaltung bestimmen nicht nur die Pflanzen, sondern vor allem auch das Material der Töpfe und Kübel. Wenige hohe, schlanke Gefäße sehen modern aus. Sie tragen mit eckiger Grundform die Koniferen auf Hüfthöhe zur Schau. Formen und Farben sollten Sie bei einer solchen modernen Gestaltung nicht mischen. Kombinieren Sie stattdessen unterschiedliche Gefäßhöhen. Am besten kommen alle Gefäße dabei aus einer Serie.

Halbierte Fässer aus Holz sorgen für romantisches Flair. Schlichte Kästen und Kübel aus Holz sind dagegen für Puristen, gerade wenn sie weiß lasiert sind. Liebhaber von kräftigen Farben wählen glasiertes Steingut oder Keramik. Eine Glasur und inneres Ausstreichen mit Bitumen machen sie frosthart.

Mediterrane Pflanzen kommen in Gefäßen aus Impruneta-Terrakotta gut zur Geltung. Doch auch Kunststoff bietet heutzutage alle Möglichkeiten: Er ist leicht, preiswert und durch verschiedene Beimischungen naturnah in der Oberflächengestaltung. Von Terrakotta-, über Blei- bis zur Natursteinoptik ist alles drin. Unkonventionell zeigt sich der Sammlerbalkon mit Töpfen aus verschiedenen Materialien – bunt gemischt in den Größen und Dekoren.

Bei der Frage nach der richtigen Größe ist die Ballengröße entscheidend: Zwischen Wurzeln und Topfrand sollte bei den Koniferen und den größeren Kombinationen etwa 10 cm Platz sein. Auch in der Höhe sollten Pflanzen und Topf in einem harmonischen Gleichgewicht stehen. Ein Drittel Gefäß- zu zwei Dritteln Pflanzenhöhe wirken bei niedrigen Gefäßen schön, bei hohen Gefäßen ist das Verhältnis genau umgekehrt.

Reiche Auswahl für Sonne und Schatten

Bei den Immergrünen bietet es sich an, einige Solisten zu wählen und sie zu unterpflanzen. Auf einem vollsonnigen

Praxis-Tipps

Ist der Boden gefroren und die Wintersonne scheint, leiden Pflanzen leicht unter Frosttrocknis. Umgeben von einer Bastmatte oder eingewickelt in Jutegewebe gibt es keine braunen Blattspitzen. Schützen Sie empfindliche Pflanzen wie Aukuben, Mittelmeer-Schneeball oder Kamelien zusätzlich im Wurzelbereich. Eine dicke Manschette aus trockenem Laub verhindert, dass die Erde dauerhaft durchfriert.

Balkon – auch am Hochhaus – gedeihen klein bleibende Sorten der Berg-Kiefer wie 'Mops', 'Gnom' oder 'Laurin'. Weitere Solisten sind die Serbische Fichte 'Nana' *(Picea omorika)* und die gelbe Himalaya-Zeder 'Golden Horizon'. Den flachen Abschluss am Boden bilden Wacholder 'Green Carpet' oder 'Nana'. Als Unterpflanzung vermitteln Heide, Gräser und Stauden einen modernen Eindruck. Auch der hellrosa Cambridge-Storchschnabel 'Berggarten' *(Geranium × cantabrigiense)* und das rosa Sonnenröschen 'Lawrenson's Pink' bleiben klein und sind pflegeleicht.

Den lichten Schatten lieben Hemlocktanne 'Nana' und die Scheinzypresse 'Nana Gracilis' als Solisten. Für wintermilde Gebiete eignen sich gelb gefleckte Aukube 'Variegata' und die buntblättrige Traubenheide 'Rainbow'.

Wer üppige Blüten im Schatten liebt, greift zu besonders winterharten Rhododendren. Groß werden 'Cunningham's White' (weiß), 'Gomer Waterer' (hellrosa), 'Sapporo' (reinweiß mit dunklem Fleck). Die Yakushimanum-Hybriden 'Anuschka' (dunkelrosa), 'Ballkönigin' (zartrosa) und 'Golden Melodie' (gelb) bleiben kleiner. Folgende Stauden eignen sich bei ihnen als Unterpflanzung: großblättrige Bergenie 'Admiral' mit purpurrosa Flor und die robuste Elfenblume 'Sulphureum'.

Jetzt wird gepflanzt

Für große solitäre Koniferen oder Pflanzenkombis wählen Sie Töpfe mit mindestens 40 Liter Inhalt. Wichtig ist ein guter Wasserabzug: Am Topfboden hält eine Tonscherbe das Abdeckloch frei. Darüber sorgen 10 cm Kies für eine gute Drainage. Ein Gemüsevlies (Gartenmarkt) verhindert, dass Erde in die Drainage einschwemmt. Verwenden Sie als Substrat gute Kübelpflanzenerde und mischen Sie 20 Prozent groben Sand und 10 Prozent Blähton dazu.

Freiluftparadies auf Balkon und Terrasse

Wenn auf Ihrem Balkon kräftig die Sonne scheint oder zumindest für ein paar Stunden am Vormittag oder Nachmittag hereinschaut, haben Sie ideale Voraussetzungen, den Süden auf Ihren Balkon zu zaubern.

Den Anfang machen die Aufbauten: Wählen Sie quadratische Holzfliesen aus Lärche, die Sie weiß lackieren. Auch der Holzlamellenzaun als effektiver Sichtschutz zum Nachbarn erhält eine weiße Lasur. Romantiker tönen die Grundfarbe mit Rosé oder einem lichten Graublau ab.

Den mediterranen Flair unterstützen die Keramikgefäße mit antik behandelter Oberfläche. Mehrere kleine Töpfe, große Kübel und eine Amphore als Schmuckelement bieten für die verschiedenen Pflanzengrößen eine schöne Vielfalt. Sie sollten innen lackiert sein, damit die Erde keine Feuchtigkeit an die Topfwände abgibt. Sind sie es nicht,

holen Sie das mit Silolack aus dem Baustoffhandel nach. Das beugt Frostschäden vor, und es kommt an der Außenwand des Gefäßes nicht zu unschönen Verfärbungen.

Pflanzen aus dem sonnigen Süden

Die Pflanzenauswahl in dieser Gestaltung ist mediterran: Als Solist steht die Weymouths-Kiefer im Vordergrund. Mit ihren langen, weichen Nadeln formt sie eine dichte Krone auf kleinem Stamm. Hat die blaugrüne Kugel die gewünschte Größe erreicht, können Sie ihren Wuchs begrenzen, indem Sie den Austrieb im April halbieren. Der richtige Zeitpunkt dafür ist, wenn sich der Trieb in die Länge gestreckt hat, aber sich noch keine Nadeln zeigen.

Als zweiten Solitär wählen Sie den grünen Fächer-Ahorn. Sein feines Blattwerk wirft in der Sonne bezaubernde Schattenspiele auf Wand und Boden. Es gibt ihn auch mit rotem

Laub. Hat der Balkon volle Südlage, sollten Sie das Prachtexemplar von Mai bis Ende August in eine halbschattige Ecke – eventuell hinter einen hübschen Paravent – stellen, damit die Blattspitzen nicht in der Sonne verbrennen.

Den mittleren Part übernimmt die Zuckerhut-Fichte mit dichtem pyramidalem Wuchs. Sie braucht einen genügend feuchten Ballen und nimmt es im Gegensatz zur Kiefer übel, wenn sie beim Gießen vergessen wird. Häufige Trockenzeiten führen zu Stress bei der Pflanze. Dann breiten sich in heißen Wochen manchmal Spinnmilben an der Sonnenseite aus. Beobachten Sie die Nadeln daher ab Mai hin und wieder mit einer Lupe: Zeigen sich helle Stellen, hilft ein Insektizid.

Neben der Fichte wächst das hübsche graulaubige Heiligenkraut. Dieser Vertreter aus dem sonnigen Süden schmückt sich im Juli und August mit kleinen gelben Blütenköpfen. Ein Schnitt mit der Grasschere Anfang April bringt die halbkugelförmige Frisur wieder in Form. In eine Duftschale gelegt füllt der angenehm würzige Geruch der Blätter das Wohnzimmer.

Auch der Duft des Lavendels sorgt für mediterrane Stimmung. Seine lila Blüten harmonieren ebenso wie die der Katzenminze gut zu den Grau- und Grüntönen der Gestaltung. Düngen Sie den Lavendel nur wenig, damit die Pflanze nicht zu schnell wächst und viele Blüten mit herrlichem Parfüm entwickelt. Achten Sie beim Kauf auf die Winterhärte! Bewährt haben sich die Sorten 'Hidcote Blue' und 'Munstead'. Die Katzenminze übersteht dagegen selbst kalte Winter ohne Probleme. Sie blüht von Mai bis September, wenn Sie sie nach dem ersten Flor partiell zurückschneiden. Die Glyzinie überrascht im Mai mit duftigen Blütentrauben. Der Flor wird intensiver, wenn Sie die Triebe jeden August auf drei Blätter zurückkürzen.

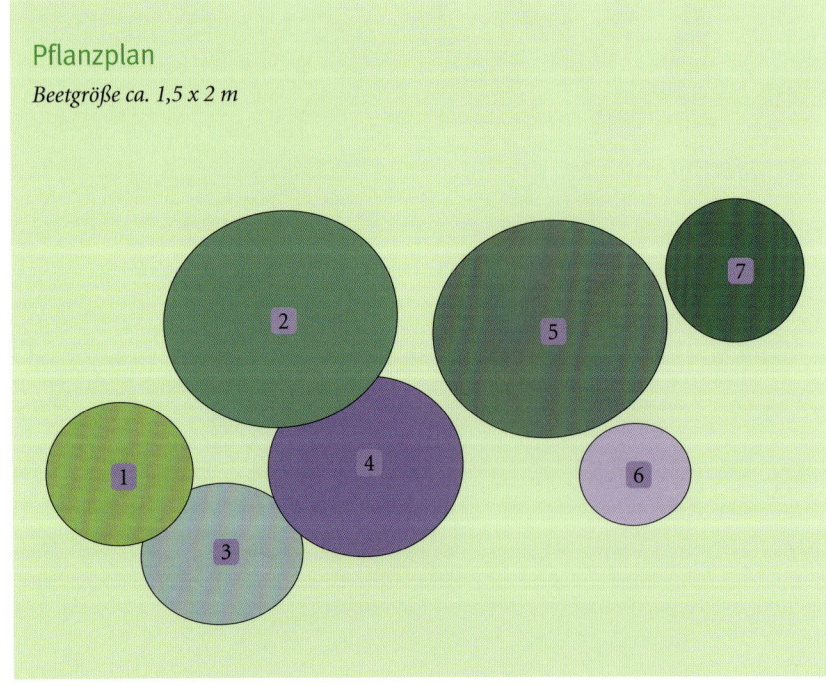

Pflanzplan

Beetgröße ca. 1,5 x 2 m

Pflanzliste

1. 1 Zuckerhut-Fichte 'Conica' (*Picea glauca*)
2. 1 Weymouths-Kiefer 'Radiata' (*Pinus strobus*)
3. 2 Graues Heiligenkraut
   (*Santolina chamaecyparissus*)
4. 2 Blaue Katzenminze (*Nepeta × faassenii*)
5. 1 Fächer-Ahorn 'Dissectum viridis'
   (*Acer palmatum*)
6. 1 Echter Lavendel (*Lavandula angustifolia*)
7. 1 Glyzinie (*Wisteria sinensis*)

Links: *Romantisch wirken die weißen und rosa Blütentöne der Besenheide. Gräser und Wacholder in unterschiedlichen Wuchshöhen bilden harmonische Partner.*

Unten: *Perfekt für größere Gärten: Heideblüten in der Flächenpflanzung wirken unübertroffen. Mit Wacholder und blauer Scheinzypresse als Partner zeigt sich hier immer Farbe.*

Pflegeleichter Heidegarten

Auch auf trockenen und sandigen Böden kann es das ganze Jahr blühen. Hier gilt die immergrüne Heide als Zauberpflanze, die zudem wenig Arbeit in der Pflege macht und bei der das permanente Gießen in heißen Sommermonaten entfällt. Am beliebtesten ist eine traditionelle Gestaltung, die zusammen mit Wacholder und Birken den natürlichen Heideflächen um das norddeutsche Lüneburg ähnelt. Doch Heide lässt sich auch modern arrangieren, als überraschender Partner zu Architektur aus Beton, Glas und Stahl.

Der Natur abgeschaut

Ein Heidegarten lässt sich schön im Vorgarten oder entlang der trockenen Südseite des Hauses anlegen, Plätze, an denen Staudenbeete und Bodendecker nur schwer gedeihen. Ob kleine Gartenzimmer oder große Bereiche – Hauptsache, die Sonne scheint so lange wie möglich, Haus- oder Baumschatten ist tabu. Bei der Planung der Fläche können Sie sich gut am Naturstandort ori-

entieren: Die Lüneburger Heide ist sparsam mit säulenförmigem Wacholder, krummen, buschigen Kiefern und Birken durchsetzt. Weil die sandigen Böden dort in der letzten Eiszeit entstanden sind, finden sich stets auch große Findlinge, die von den Gletschern rund geschliffen wurden. Steine gehören also in der Gestaltung unbedingt dazu – Sie bekommen sie im Natursteinhandel vor Ort oder bei Landwirten.

Gehölze als Partner

Als strukturgebende Leitgehölze werden Wald-Kiefern mit 20 m Höhe für heutige Grundstücke allerdings viel zu groß. Am besten wählen Sie ihre Sorten: Die schlanke 'Fastigiata', die gedrungene 'Norske Typ' oder die blausilbrige 'Watereri' bleiben kleiner.
Auch die Mähnen-Fichte mit ihren horizontal abstehenden, schleppenartig benadelten Ästen ist ein schöner Solitär für den hinteren Bereich. Oder Sie setzen die Orientalische Fichte 'Aurea' mit gelbem Austrieb.
Wählen Sie einige niedrige Arten als Partner für die Leitgehölze. Für diesen Mittelbau eignen sich Wacholder in allen Sorten, Rhododendron 'Praecox' und Stechpalmen in hohen wie niedrigen Züchtungen. Wenn sie nach Jahren einmal zu groß werden, hilft ein einfacher Trick: Umstechen Sie alle vier Jahre mit einem spatenbreiten, 1 m tiefen Pflanzgraben mal die eine, dann die andere Hälfte des Wurzelballens. Halten Sie ca. 0,5 m Abstand zum Stamm und füllen Sie den Graben mit der alten Erde wieder auf. Festtreten, einschlämmen – fertig. Das hält auch Laubgehölze im Wuchs zurück und eignet sich besonders für dicht bepflanzte kleine Gärten.

Moderner Heidegarten

Eine moderne Gestaltung passt gut in offene urbane Räume oder auf kleine Dachgärten. Der neue Stil wird durch den teppichartigen Einsatz der Heide in klaren, grafischen Mustern geprägt. Bilden Sie Flächen aus kissen- oder tischgroßen Quadraten, Rechtecken oder sich überschneidenden Kreisen. Auch mäandernde Streifenmuster sind denkbar, sie werden durch einen akkuraten waagerechten Schnitt als Minihecke auch in der Vertikalen erkennbar.
Anstatt nur die Flächen zu variieren, können Sie auch unterschiedliche Höhen in die Gestaltung einbeziehen – so erhebt sich die Aufteilung in die dritte Dimension. Beschränken Sie sich bei diesem Stil auf wenige Koniferen. Ein Säulenwacholder und eine bereits große Mädchen-Kiefer 'Glauca' *(Pinus parviflora)* genügen als Akzent.

Gekonnt
gestalten

Schneiden Sie lange Blütentriebe für kunstvolle Kränze, Girlanden oder kleine Sträußchen. Dazu lassen sich Herbstastern, Lampionblumen und Gräser kombinieren. Wer mag, kann den Strauß mit Bergenienblättern abschließen. In Wasser gestellt, hält die Floristik wochenlang. Auch zum Trocknen eignet sich Heide hervorragend. Die dekorativen Kränze und Sträuße schmücken Küche oder Flur jahrelang, wenn Sie sie schattig und luftig aufhängen.

Heideflächen mit aufrechten Partnern

Auf großer Fläche angelegt, kommen die unterschiedlichen Blütenfarbtöne der Heide erst richtig zur Geltung. Eine solche Gestaltung wirkt modern, fast grafisch und beeindruckt durch ihre prächtigen Farben. Aufgelockert werden diese Heideflächen durch kleine, aufrechte Koniferen. Ihre gelblichen, blauen und tiefgrünen Nadeln kontrastieren herrlich zu den Rosa- und Violetttönen der Heide. Dadurch entsteht ein edel anmutendes, sehr harmonisches Bild, das sich perfekt auf großflächige Grundstücke übertragen lässt.

Vier Heidearten bzw.-sorten genügen bereits, um den beeindruckenden Farbeffekt zu erzielen. Die Glocken-Heide 'Con Underwood' beispielsweise wartet in dieser Gestaltung mit einem dunklen Rotviolett auf. Im starken Kontrast dazu steht die sehr auffällige gelbe Laubfärbung der Besenheide 'Boskoop'. Weiter hinten im Beet prunken die rosa Blüten der Glocken-Heide 'Pink Star' und die tiefrote Besenheide 'Dark Star'.

Koniferen für die Vertikalen

Als kontrastierende Laubfarben setzen Sie gelbe wie blaue Säulenwacholder und gelbe Säuleneiben ein. Als Alternative mit breiterem Wuchs eignen sich auch der Lebensbaum 'Rheingold' und die gelbe Fadenzypresse 'Filifera Aurea Nana'. Zuckerhut-Fichten – wie in dieser Gestaltung als größere Gruppe gepflanzt – passen gut in den Hintergrund. Sie machen ihrem Namen alle Ehre und fallen durch den exakten, spitzpyramidalen Wuchs auf. Durch den geringen Jahreszuwachs gefallen sie besonders in kleinen Gärten. Achten Sie immer darauf, dass ein, zwei Leitgehölze, wie z. B. die Orientalische Fichte oder eine Kiefer mit säulenförmigem Wuchs, die anderen Statisten wie Eibe und Wacholder um Längen überragen und alle Blicke auf sich ziehen. Das sorgt für den vertikalen Aspekt in der Pflanzung. Die Ori-entalische Fichte wächst zwar langsam, kann aber nach 20 Jahren dennoch über 7 m Höhe erreichen. Der Clou bei der Sorte 'Aurea' ist der goldgelbe Austrieb im Frühjahr. Später färben sich die Nadeln wieder normal grün.

Auf kleiner Fläche

In kleinen Gärten verwenden Sie einfach nur zwei oder drei Heidesorten für die Bodendecke und setzen je einen Wacholder und eine Säuleneibe dazu. Dadurch bleiben Blau- und Gelbtöne als wirkungsvoller Kontrast erhalten. So lassen sich auch schmale sonnige Streifen am Hauseingang, Bereiche mit stauender Hitze zwischen Haus und Garage oder künstlerisch inspirierte, kleine Inseln im Rasen realisieren. Als Leitgehölz ist die gelbe Adlerschwingen-Eibe 'Dovastoniana Aurea' in kleinen Gärten eine gute Alternative.

Gut vorbereitet

Lehmboden ist für Heide zu schwer, arbeiten Sie bei einem solchen Boden eine 3 cm dicke Sandschicht spatentief in den Oberboden ein. Nun setzen Sie als Erstes die Koniferen ein, dann folgen die Heidepflanzen.

Dafür legen Sie zuerst die einzelnen Flächen je Sorte z. B. mit einem alten Wasserschlauch fest und markieren die Linien mit einer Spur Sand. Dann tauchen Sie die Töpfe in Wasser und stellen sie probeweise auf 15–20 cm Abstand aus. Ganz wichtig: Drücken Sie vor dem Pflanzen den Wurzelballen jeder Heidepflanze leicht mit dem Daumen ein, sie bildet am neuen Standort dann schneller neue Wurzeln.

Die Pflege eines Heidegartens ist übrigens ganz einfach: Jeweils nach der Blüte schneiden Sie die Heide mit der Handheckenschere um zwei Drittel zurück. So bleibt die Fläche schön dicht, und es kommt kein Unkraut auf.

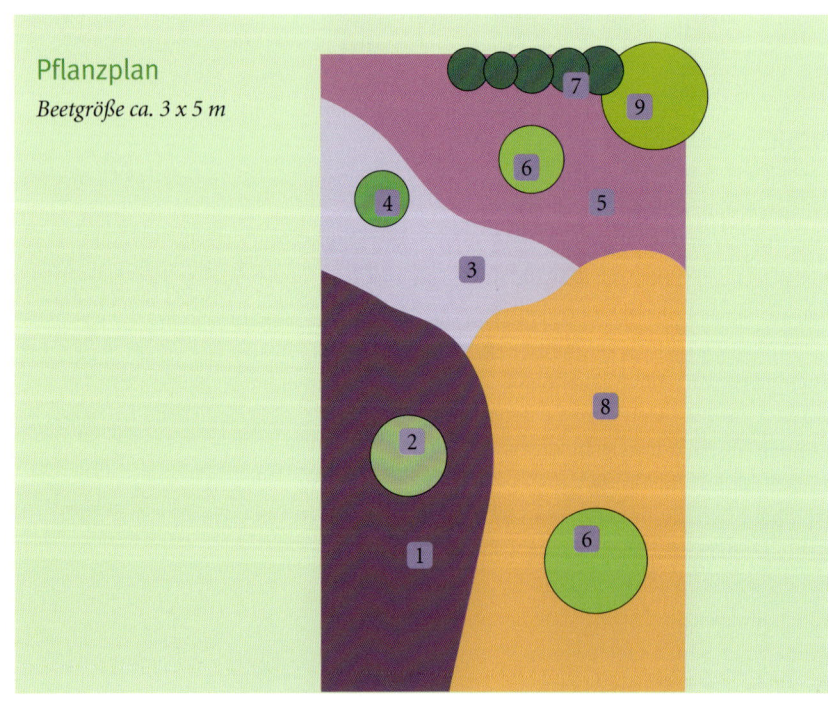

Pflanzplan
Beetgröße ca. 3 x 5 m

Pflanzliste

1. 30 Besenheide 'Dark Star' *(Calluna vulgaris)*
2. 1 Gewöhnliche Eibe 'Fastigiata Aureomarginata' *(Taxus baccata)*
3. 15 Glocken-Heide 'Con Underwood' *(Erica tetralix)*
4. 1 Zypressen-Wacholder 'Blue Arrow' *(Juniperus scopulorum)*
5. 15 Glocken-Heide 'Pink Star' *(Erica tetralix)*
6. 2 Heide-Wacholder 'Gold Cone' *(Juniperus communis)*
7. 5 Zuckerhut-Fichte 'Conica' *(Picea glauca)*
8. 30 Besenheide 'Boskoop' *(Calluna vulgaris)*
9. 1 Orientalische Fichte 'Aurea' *(Picea orientalis)*

Formvollendete Figuren

Rechts: *Das Buchsquadrat vor der Eibenhecke mit charmantem Durchgang offenbart beste Formschnittkunst. Witziges Detail: die vier kleinen Schweinchen als Zentrum der Beete.*

Unten: *Klassische Formen wie die Pfauen aus Eibe oder kugelige Buchstopiaris wirken grandios in größeren Gartenbereichen und tiefen Beeten mit Stauden und Bodendeckern.*

Kleine Ecken an der Terrasse, als Höhepunkt am Ende des Weges oder im Zentrum des Gartens zum Bestaunen – mit Topiari gewinnt jede Gestaltung an Ausstrahlung. Hauptsächlich Buchs, Eibe oder Stechpalme werden dafür mit raffinierten Schnitttechniken in geometrische Formen gebracht.

Die Aufwertung und Inszenierung per Formschnitt ist schnell vollbracht – vorausgesetzt Sie kaufen eine fertige Figur. Einfache Formen gibt es zu Beginn der

Saison günstig im Gartencenter oder in den Gartenabteilungen unserer Baumärkte. Aufwendigere Topiari-Kunst finden Sie eher in einer Baumschule. Wichtig: In winterkalten Gebieten sollten Sie sich beim Kauf versichern, dass die Pflanze winterhart ist!
Setzen Sie aber nicht zu viele Topiaris ein, sonst geht der Effekt verloren. Ein Reihenhausgarten von 200 m² ist mit einer aufwendigen Figur in Terrassennähe oder als Blickpunkt am Ende einer Wegachse gut versorgt.

Um in das Thema Topiari einzusteigen, wählen Sie am besten Kugeln aus Buchs oder Eibe. Sie eignen sich z. B. gut als unterschiedlich große Dreiergruppe im niedrigen Staudenbeet. Hier sorgen sie für wertvolle Struktur vom Spätherbst bis zum Frühjahr, wenn die Stauden bereits eingezogen sind. Besonders verführerisch ist ihr Anblick dann im Winter mit einer dicken Schneehaube. Auch Kegel oder Pyramiden, ebenfalls aus Buchs oder Eibe, betonen die Ecken von Beeteinfassungen, setzen Schlusspunkte am Ende von Sichtachsen oder fungieren als Türwächter links und rechts des Terrasseneingangs.
Quader als ebenso einfache Form passen gut zu moderner Architektur und zu Eingangsituationen im Vorgarten. Schön wirkt ein solcher Quader in einem einige Quadratmeter großen Beet mit niedrigen Bodendeckern wie feinblättrigem Efeu 'Spetchley' oder Golderdbeere. Wenn Sie üben möchten, brauchen Sie schnell wachsende, unproblematische Pflanzen. Testen Sie dafür Liguster 'Atrovirens', Heckenkirsche 'Elegans' oder Lebensbaum 'Brabant'. Etwas anspruchsvoller sind lebende Sonnenschirme und Pavillons für lauschige Leseecken. Sie lassen sich mit ausgewachsenen Gruppen von Hemlocktannen, Rhododendron oder Eiben formen. Entasten Sie diese bis auf 3 m Höhe, entspitzen Sie die Krone und schneiden Sie die Konturen nach, sodass sie sich optisch verdichten.

Aufwendige Formen für Liebhaber

Wer sich bereits mit Buchskugel & Co. auskennt, den drängt es bald zu aufwendigeren Figuren. Wie wäre es mit einer schlanken Gestalt aus mehreren überlagerten Bällen oder Scheiben? Das können Sie selbst formen, indem Sie einen Trieb der unteren Form beim nächsten Schnitt stehen lassen und daraus nach

und nach einen neuen Ball bilden. Oder Sie formen eine hohe Spirale aus Eibe, Bastard- oder Scheinzypressen (→ Seite 88/89). In der Beetmitte oder im Hintergrund kommen sie bei einer Größe über 2 m noch gut zur Geltung. Besonders kunstvoll wirken Tierfiguren wie ein Eibenpfau oder ein Bär. Auch solche Figuren finden Sie in spezialisierten Baumschulen, sie kosten allerdings ihren Preis. Mit ein bisschen Geschick und genügend Zeit formen Sie sie selbst. Kleinere Tierformen stellen Sie am besten in Terrassennähe auf, größere z. B. ans Ende einer Sichtachse.

Rund um die Hecke

Aus Liguster-, Stechpalmen- oder Eibenhecken lassen sich mit ein bisschen Geschick schöne Formen zaubern. Für einen dekorativen Abschluss beispiels-

weise lassen Sie einen Trieb der Hecke ungeschoren und formen daraus über mehrere Jahre kleine Kugeln oder Kuben. Spannend ist auch ein Ausguck in der Hecke: Dafür schneiden Sie, solange die Heckenpflanzen noch jung sind, kleine Lücken hinein. Mit der Zeit werden sie zu ovalen oder rechteckigen Sichtfenstern. Das erleichtert die Kommunikation mit dem Nachbarn oder ermöglicht den Blick auf grüne Felder und Wiesen bei einem Garten in Ortsrandlage. Romantisch wirkt ein bogenförmiger Durchgang, der zu einem weiteren Gartenzimmer führt.

Kleine Hecken aus Buchsbaum oder schwach wachsendem Liguster 'Lodense' können Sie an der Oberkante eckig, wellig oder lang geschwungen schneiden. Anstatt in gerader Linie lassen sich solche Hecken auch als Welle pflanzen. Arbeiten Sie diese Idee mit dem jährli-

chen Schnitt Ende August Schritt für Schritt weiter heraus.

Sonderform Knotengarten

Diese Highlights wirken wie ein altes Teppichmuster in 3D-Optik: Mehrere schmale Heckenbänder scheinen sich knotenartig zu unterwandern und zu überkreuzen. Für diesen Eindruck ist ein unterschiedlich hoher Schnitt verantwortlich. Wenn Sie für die Heckenbänder zwei oder drei verschiedene Gattungen verwenden, tritt die Form durch den Farbunterschied im Laub noch besser hervor. Als Kombinationspartner bieten sich an: Buchsbaum 'Herrenhausen', Heckenkirsche 'Maigrün', Heiligenkraut, Kriechender Spindelstrauch 'Emerald Gaiety' und Japanische Stechpalme mit der kompakten Sorte 'Stokes' und der gelben 'Golden Gem'.

Akkurate Solisten mit Hofstaat

Einfache geometrische Grundformen passen zu praktisch jedem Gartenstil und eignen sich prima als Einstieg in die eigene Topiarikunst. Orientieren Sie sich an dieser lang gezogenen Rabatte, die einen charmanten Übergang vom Haus zum Rasen bildet. Dieses Beet können Sie auch doppelt anlegen, z. B. wie im Foto gezeigt links und rechts eines Durchgangs.

Absoluter Hingucker sind hier die Steinlinden-Hochstämmchen, die mit einem Formschnitt eine halbkugelige Gestalt erhalten. Sie sind bei uns leider noch viel zu wenig bekannt. Die dichtbuschigen Immergrünen zeigen im Frühjahr Tausende kleiner Blüten, die nach Linden duften – daher der Name. Aus der Ferne erinnern sie wegen ihrer vielen tiefblauen Steinfrüchte an kleine Olivenbäumchen.

Im Gegensatz zu den mediterranen Nutzpflanzen sind sie bei uns in winter-milden Gebieten bis –15 °C frostfest. Wer dagegen im inländischen kontinentalen Klima oder in den Höhenlagen seinen Garten hat, versieht die Steinlinden im Winter besser mit einer isolierenden Schilfmatte oder überwintert sie im kühlen Hausflur oder in der frostfreien Garage.

Als ganz unempfindlicher Ersatz können Stammkugeln von verschiedenen Stechpalmen-Sorten dienen: 'Rubricaulis Aurea' hat auffällige gelb gerandete Blätter, 'Alaska' und 'Myrtifolia' besitzen eine feine, sehr dichte und grüne Belaubung. Verpassen Sie beim Topiari nicht den Schnittzeitpunkt Ende April und Ende August – denn nur akkurat gepflegte Kugeln erreichen die größte optische Wirkung.

Attraktives Fußvolk

Weitere Struktur – besonders für die kalte Jahreszeit – bringen lockere Bordüren aus Buchsbaum, die sich im einfachen Muster über das Beet schwingen. Wo bereits Probleme mit dem Buchsbaumpilz (*Cylindrocladium buxicola*) bestehen, wählen Sie als immergrünen Ersatz Japan-Stechpalme 'Stokes' oder die kleine Buchsbaumblättrige Berberitze 'Nana'.

Im hinteren Beetteil können Sie alternativ auch Heiligenkraut flächig anpflanzen. Das schafft einen hübschen Farbkontrast! Die feine graue Laubstruktur strahlt aus der Weite bis zum Haus hinüber. Wichtig ist hier der jährliche Schnitttermin um die Hälfte der Trieblänge im August, damit die Sträucher ihre dichte Form behalten.

Hübscher Rosmarin mit seinem graugrünen, nadeligen Laub und den violetten Blüten von Mai bis Juni eignet sich nicht nur als Schmuck, sondern dient auch als würzige Zutat in der Küche. Strenge Winter übersteht er besser als Kübelpflanze in einer hellen, frostfreien Garage und wird mit dem Tontopf im Frühjahr wieder im Beet eingesenkt. In milden Gegenden reicht dagegen ein Schutz aus Tannenreisig.

Als weiterer dichter und polsterförmiger Bodendecker dient der herrliche hell lavendelblaue Polster-Phlox 'Emerald Cushion Blue'. Im April und Mai ist das nadelspitze, immergrüne Laub vor lauter Blüten nicht mehr zu entdecken. Mit wenigen Pflanzen können Sie schnell eine große Fläche bestücken, denn die Stecklinge bewurzeln leicht. Der Polster-Phlox lässt sich auch gut als Rasenersatz verwenden.

Blütenreiche Höhepunkte

Die Tulpenblüte der duftenden rosa 'Angelique' und der fast schwarzroten 'Queen of the Night' zaubert im Frühjahr Farbe auf die Beete. Wenn deren Laub dann einzieht, haben die großen Bartiris 'Blueberry Wine' ihren Auftritt: Ihr hoch aufstrebendes Laub ist wichtig als grafische Struktur, die Blütenpracht in purpurvioletten Tönen von Mai bis Juni greift die Vorgabe der Tulpen auf.

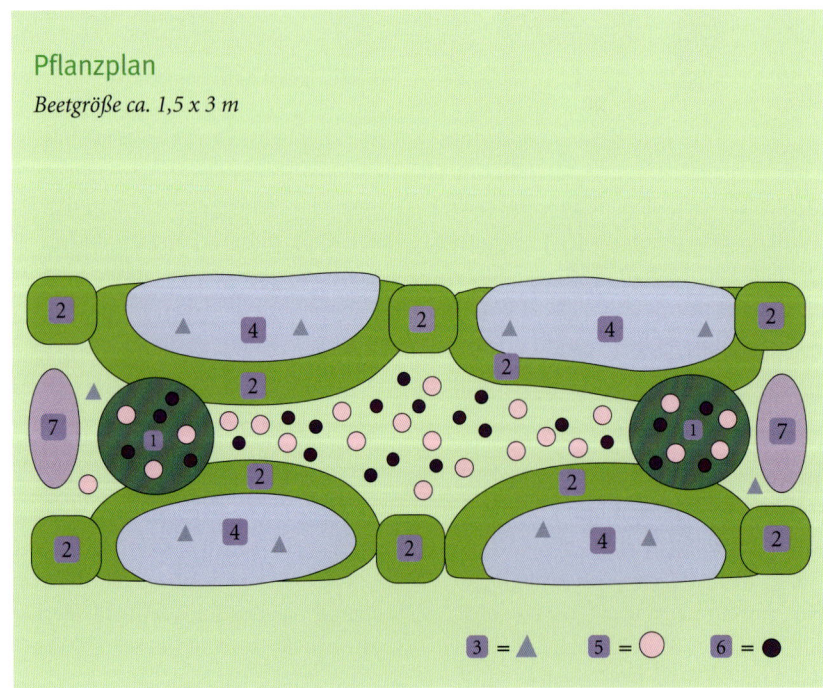

Pflanzplan
Beetgröße ca. 1,5 x 3 m

3 = ▲   5 = ⬤   6 = ●

Pflanzliste

1   2   Schmalblättrige Steinlinde
         (Phillyrea angustifolia)

2   40   Gewöhnlicher Buchsbaum
         (Buxus sempervirens)

3   10   Bartiris 'Blueberry Wine' *(Iris × germanica)*

4   20   Polster-Phlox 'Emerald Cushion Blue'
         (Phlox subulata)

5   15   rosa Tulpen 'Angelique' *(Tulipa)*

6   15   schwarze Tulpen 'Queen of the Night' *(Tulipa)*

7   6   Rosmarin *(Rosmarinus officinialis)*

Gartenkunst der Renaissance

Wer klare Strukturen liebt, harmonische Formen, eine Gestaltung, in der der rote Faden genau zu verfolgen ist, für den ist ein Gartenbereich oder auch ein ganzes Grundstück im Stil der italienischen Renaissance die Lösung. Die definierten Elemente wie hohe immergrüne Hecken, Wasserbecken und Formschnittgehölze kennzeichnen eine solche Anlage sofort als etwas Besonderes. Darüber hinaus wirken die verspielten Formen und hübschen Ausstattungen leicht, Gedanken und Inspirationen fließen in einem solchen Garten fast von ganz allein. Perfekt also, um diese beeindruckend hübsche Kulisse für die eigene Auszeit beim Gärtnern, mit einem guten Buch oder für eine gemütliche Feier mit Freunden zu nutzen.

Besonders im Italien des 16. Jahrhunderts entwickelte sich am Rand größerer Städte die Gartenkunst. Das Haus und die grüne Umgebung wollte man zusammenfügen, und natürlich sollten auch Gäste würdig empfangen werden. Berühmte Beispiele wie die Boboli-Gärten bei Florenz oder die weitläufigen Anlagen der Villa d'Este bei Rom beeinflussten damals maßgeblich die Gartengestaltung in Europa.

Ein grundlegendes Merkmal der Renaissance-Gärten war der Umgang mit Wasser: Gefüllte Becken, Brunnen, Wasserläufe oder feuchte Grotten machten die mediterranen Mittagsstunden erträglich. Der wenige Regen und der Wunsch nach ganzjähriger Attraktivität setzten in Form getrimmte Immergrüne für Hecken und geometrische Skulpturen an erste Stelle.

Renaissance trifft Moderne

Gerade für heutige Grundstücksgrößen oder die sogenannten »Handtuchgärten« in der städtischen Gründerzeitbebauung ist die Struktur des Renaissance-Gartens sehr gut geeignet. Hohe Hecken bieten Sichtschutz zum Nachbarn, der offene zentrale Bereich, nach Geschmack mit länglicher Wasserachse, sorgt für das Gefühl von Weite. Beete und immergrüne Formgehölze werden einfach dem zur Verfügung stehenden Raum in Größe und Anzahl angepasst. Am Ende des Grundstücks können Sie, unabhängig von der übrigen Gestaltung, einen Bereich als Gemüsegarten oder für den Kleintierzoo der Kinder abtrennen.

So könnte ein gelungenes Beispiel aussehen: Im Garten bilden ein schmales Wasserbecken oder ein kleiner Springbrunnen den Mittelpunkt. Zu den Seiten blockieren hohe Hecken aus preisgünstigem Liguster oder wertvoller Eibe zugige Winde und schützen vor neugierigen Blicken. Rechteckige Beete werden mit Bordüren aus Buchsbaum, kleiner Heckenkirsche, Lavendel oder Grauem Heiligenkraut umrandet.

Unten: Ein zentrales Wasserbecken bildet das Hauptelement im Renaissance-Garten. Die kleinen Fontänen verwöhnen Auge und Ohr. Dazu passen Immergrüne im Kübel.

Einfach
genießen

Rosmarin, Salbei und Thymian gehören unverzichtbar in die gute Küche. Frisch geerntet haben sie die größte Würzkraft. Sie passen besonders zur mediterranen Küche, vor allem zu Lamm. Mit Kräutern gefüllter Fisch, in Alufolie gedämpft, schmeckt einfach köstlich.
Je sonniger und nährstoffärmer die mediterranen Pflanzen stehen, desto besser und intensiver ist ihr Geschmack. Gleichzeitig verhilft ein sandiger, trockener Standort ohne Düngergaben zu einer besseren Winterhärte.

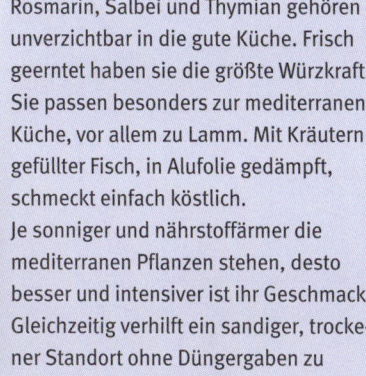

Dazwischen können Sie hellrosa Beetrosen oder eine Staudenmischung aus grauer Eberraute 'Powis Castle' (*Artemisia*), rötlicher Fetthenne 'Matrona' (*Sedum*) und rosa Garten-Ziest 'Hummelo' (*Stachys*) pflanzen. Auch die blaue Glockenblume 'Sarastro' (*Campanula*) und violette Katzenminze (*Nepeta*) blühen üppig. Die Eckpunkte der kleinen Hecken betonen Sie durch Kugeln oder schmale Pyramiden, die ungefähr die doppelte Höhe der Umrandung haben sollten – das wirkt harmonisch.

Auf kleinem Raum

Doch was tun, wenn der Rest des Grundstücks im Landhausstil oder ganz modern angelegt ist? Die Rettung sind durch Hecken unterteilte sogenannte Gartenzimmer. Manchmal genügt auch schon eine Statue oder eine Zitrone im Terrakottakübel, um in kleinen Ecken für heitere italienische Stimmung zu sorgen. Umspielt von Stachelnüsschen (*Acaena*) oder kleiner Hängepolster-Glockenblume vor einer immergrünen Heckenwand aus Lebensbaum 'Smaragd' entsteht ein mediterranes Gartenbild, das sich vom Rest der Gestaltung abhebt. Am besten legen Sie es in Sichtweite der Terrasse an.

Auch auf kleinem Raum können Sie ein Wasserspiel integrieren, sei es als einfaches Becken oder sogar mit einem Wasserspeier. Dazu passt ein berankter Pavillon mit Rosen und Immergrünem Geißblatt. In die Randbereiche der Anlage kommen attraktive Sträucher: Mittelmeer-Schneeball, Baum-Heide (*Erica arborea*), Kletternder Spindelstrauch 'Emerald Gaiety' als farbenfroher Bodendecker und der Oster-Schneeball mit duftenden weißen Blüten.

Links: *Die klare Gliederung zeigt sich hier durch hohe Heckenwände aus Eibe und kleine Einfassungen aus Buchs. Unbedingt ausprobieren: spielerische Kugeln und Torbögen.*

Rechts: *Zur Füllung der Beetunterteilungen wählt man Immergrüne wie Graues Heiligenkraut, Bergenien und rotblättrigen Salbei, der einen schönen Farbkontrast bildet.*

Gartenzimmer im Renaissance-Stil

Hohe Hecken aus sattgrüner Eibe bestimmen diese Gestaltungsidee. Sie schaffen einen Raum, in dem Sie die Elemente der italienischen Renaissance kombinieren können. Der restliche Garten wird geschickt ausgeklammert. So kann er in einem anderen Stil gehalten sein und steht dennoch nicht im gestalterischen Widerspruch.

Höhepunkte sind akkurat geschnittene Spiralen und kontrastreiche gelbe Kugeln – beide aus Buchsbaum. Graulaubige Bodendecker setzen zusätzliche Akzente. So entsteht ein Gartenraum mit vielen verschiedenen Eindrücken.

Dichte Heckenwände

Für Sichtblenden eignet sich besonders die Gewöhnliche Eibe. In der Sonne wie im tiefen Schatten können Sie aus ihr ein grünes Mauerwerk ziehen, das viele Meter hoch werden kann. Aufliegende Stauden, die den Heckenfuß beschatten, oder ein rabiater Schnitt – nichts kann ihr etwas anhaben. Hauptsache, Sie beachten den Schnitttermin Ende August. Schneiden Sie die Frisur erst später, können kalte Winter Schäden verursachen.

Wer schnell eine hohe Hecke haben will, sollte bedenken, dass Eiben im Schnitt nur 20 cm im Jahr wachsen, große Pflanzen aber teuer sind und auch schlecht anwachsen. Für freie, vollsonnige Plätze eignen sich auch der schnell wachsende Lebensbaum 'Brabant' oder die Bastardzypresse als Ersatz. Besonders raffiniert sind Schwünge im Heckenlauf. Oder Sie formen am Ende der Hecke aus einem Trieb nach und nach eine Kugel (→ Seite 88).

Starke Details

Absolute Stars der Anlage sind hohe Spiralen aus Buchsbaum, um die Ecken des Gartenzimmers zu betonen. An ihrer Größe lässt sich das Alter der Anlage ablesen. Bis eigene Spiralen aus Buchs, Eibe oder Scheinzypresse 'Alumii' entsprechend groß geworden sind, können günstige Wacholderpyramiden 'Skyrocket' oder 'Blue Arrow' ersatzweise für die gewünschte Stimmung sorgen.

Die Kugeln aus gelbem Buchs 'Latifolia Maculata' entstehen schneller, weil die Sorte sehr schnellwüchsig ist. Der Kontrast in der Laubfarbe ist wichtig für die Raumwirkung – halten Sie jeweils gleiche Abstände für eine symmetrische Optik ein. Alternativ können Sie Kugeln aus den Scheinzypressen 'Yvonne' oder 'Sungold' trimmen.

Ein verspieltes Element stellt der Zierlauch dar. Seine großen, tief purpurvioletten Blütenbälle greifen die Kugelform des Buchsbaums erneut auf. Von Mai bis Juni schweben sie auf langen Stielen über den niedrigeren Beetpartnern. Die immergrüne Schmuck-Mahonie 'Wintersun' mit ihren riesigen gefiederten Blättern blüht bereits von Februar bis April – eine Zeit, in der sich das Auge über jede intensive Farbe freut.

Formenreiche Flächenfüller

Als Bodendecker fungiert das graulaubige Heiligenkraut, das sich von Juli bis August mit leuchtenden goldenen Knöpfchenblüten schmückt. In dieser Anlage passen die Blüten zum gelben Buchs – lassen Sie es daher blühen. Auch in Pflanzungen mit vielen rosafarbenen Blühern sieht das graue Laub schön aus. Dann sollten Sie die Pflanze aber bereits kurz vor dem Flor schneiden. Positiver Nebeneffekt: So bleibt die Pflanze kompakt.

Die spitznadelige Optik des Rosmarins bildet einen guten Kontrast zum runden Buchs. In rauen Gegenden überwintert er besser im Winterquartier. Wie der Lavendel 'Munstead' lässt er sich gut für die Küche gebrauchen. Beide duften in Kränzen und Sträußen.

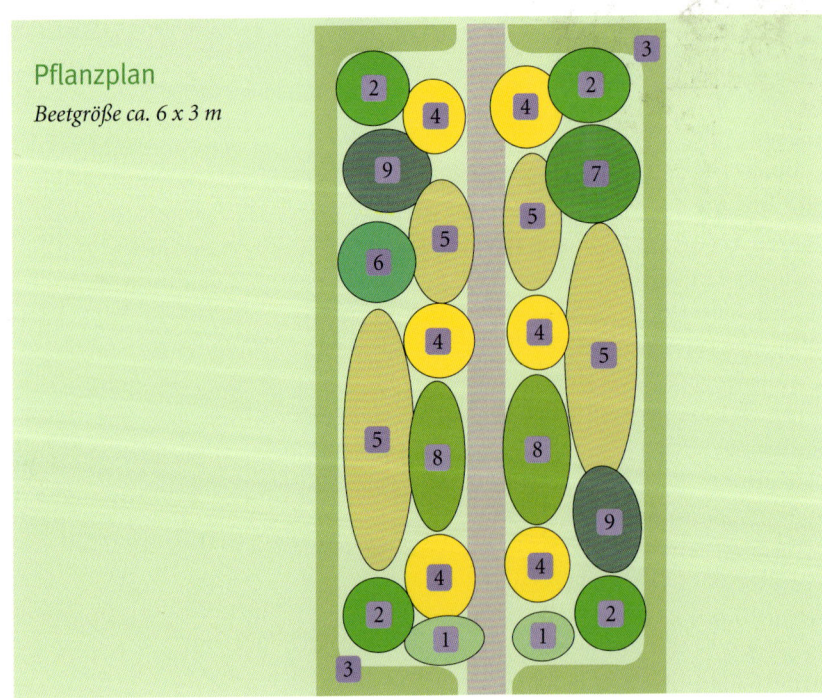

Pflanzplan
Beetgröße ca. 6 x 3 m

Pflanzliste

1. 20 Zier-Lauch 'Purple Sensation'
   (*Allium aflatunense*)
2. 4 Gewöhnlicher Buchsbaum
   (*Buxus sempervirens* var. *arborescens*)
3. 22 Gewöhnliche Eibe (*Taxus baccata*)
4. 6 Gewöhnlicher Buchsbaum
   'Latifolia Maculata' (*Buxus sempervirens*)
5. 20 Graues Heiligenkraut
   (*Santolina chamaecyparissus*)
6. 1 Strauchiges Brandkraut (*Phlomis fruticosa*)
7. 1 Schmuck-Mahonie 'Wintersun'
   (*Mahonia × media*)
8. 10 Echter Lavendel 'Munstead'
   (*Lavandula angustifolia*)
9. 6 Rosmarin (*Rosmarinus officinalis*)

Oben: *Ruhe vom Alltag verspricht der Steinbuddha auf einer alten Baumwurzel. Dazu passt die immergrüne Bepflanzung aus Farnen, Orangenblume und Kirschlorbeerbaum.*

Rechts: *Die geschwungene Uferlinie des Teichs, Eibenkugeln und die blühende Rhododendron-Parade zaubern fernöstliche Stimmung in den Garten.*

Asiatische Gartenträume

Ruhige Flächen, immergrüne Gehölze in verschiedenen Farbnuancen und dezent eingesetzte Accessoires – das ist der Schlüssel zum entspannten Gartenglück. Dazu bietet sich der asiatische Stil an, bei dem Steine, Wasser und Pflanzen eine harmonische Einheit bilden.
Ob Sie die gesamte Fläche in diesem Stil anlegen oder nur einen kleinen Bereich japanisch bepflanzen, hängt vom verfügbaren Raum und Ihrem persönlichen Geschmack ab. Auf jeden Fall bringen schlichte Kiesflächen, dichte Teppiche aus Bodendeckern und in Form geschnittene Koniferen eine gehörige Portion Entschleunigung in den hektischen Alltag.
Wer sein Grundstück asiatisch umgestalten möchte, wählt mit Kirschlorbeer, immergrünem Bambus, Farnen und Formschnitt-Kiefern die richtigen Pflanzen. Im Nu wähnt sich der Betrachter in einer anderen Welt. Japanische Zierkirschen wie 'Kanzan' und 'Kiku-shidare-zakura' *(Prunus serrulata)* entwickeln

eine überwältigende Blütenfülle. Die Japaner widmen ihnen ein eigenes Fest, das 'Hanami', und feiern im Mai die umherwirbelnden rosa Blütenwolken. Auch Moorbeetgewächse wie Azaleen, Rhododendren und Kamelien sollten Sie einplanen. Sie gesellen sich zu raumprägenden Kiefern, Wacholder und Zedern. Durch Schnittmaßnahmen lassen sich diese Koniferen gut in eine natürliche und ausdrucksstarke Form bringen. Hohe Bambussorten sollten ebenfalls mit von der Partie sein. Ausläufer bildende Arten brauchen allerdings eine Rhizomsperre. Über einem Podest aus japanischem Bangkirai-Holz verdichten sie ihre Halme zu einem lauschigen Hain als Lese- und Relax-Ecke. Wege verlaufen nach den Regeln des Feng Shui immer geschwungen, niemals gerade. Als Belag verwenden Sie feinen gebrochenen Kies oder starke Schieferplatten. Bauliche Details wie ein Trockenbach aus Kieseln oder ein plätschernder Bachlauf mit versteckter Pumpenanlage machen das Asia-Feeling noch direkter erlebbar. Rhododendren profitieren von der feuchten Umgebungsluft.

Einfach genießen

Ein Holzdeck und ein Sonnenschutz in Pagodenform aus Robinienholz und Segelstoff sorgen für entspannte Yogastunden im Schatten. Als Ort der inneren Einkehr dient ein kleiner asiatischer Teepavillon mit Schindeldach und Seitenwänden aus rasterförmiger Holzlattung. Wenn Sie einen Stromanschluss für Licht und Heizradiator legen, können Sie diesen Raum auch in den Übergangsmonaten nutzen. Toll dazu: Klangspiele aus Bambus oder Alu.

Orte der Ruhe

Haben Sie nur wenig Platz übrig, kreie-
ren Sie einfach hinter Eibenhecken ein
ruhiges Fleckchen für Meditation, Yoga-
Übungen oder eine entspannende Tasse
Tee. Auch die Rabatte am Haus, hinter
der Garage oder besonders im hinteren
Grundstücksbereich können Sie leicht
zur kleinen Ruhezone umgestalten. Viel
braucht es nicht für das fernöstliche
Flair im Garten: Eine schlichte Stein-
bank auf einer kleinen Kiesfläche reicht
zum Lesen und Nachdenken aus. Die
Yogamatte für Sportliche landet auf
wenigen Quadratmetern duftender
Polei-Minze (Mentha pulegium ssp.
repens), dem feinen Fiederpolster (Leptinella squalida) oder immergrünem
Sternmoos (Sagina subulata). Diese Polsterstauden sind sehr trittfest und ein
prima Ersatz für Rasen, der hier durch
den Schatten der Bäume und Hecken
ohnehin nicht gut gedeihen würde.
Bei kleinem Platzangebot pflanzen Sie
einen Bambustopiari im Pagoden-Look.
Dafür kürzen Sie die langen Halme
nach der Blattentfaltung auf die gewünschte Höhe. Außerdem lassen Sie pro
Meter Trieblänge auf nur ca. 30 cm die
Seitenbezweigung stehen. So entstehen
wirkungsvolle Puschel, die durch Schnitt
von Jahr zu Jahr dichter werden. Siedeln
Sie einige Farne, Funkien und Gräser zu
Füßen des Schnittkunstwerks an. Ganz
stilecht wird es mit einer japanischen
Steinlaterne aus Granit oder einem kleinen wassergefüllten Steinbecken mit
Bambusschöpfkelle, worüber sich auch
die Gartenvögel freuen.
Das Thema Wasser ist wichtig im asiatischen Garten: Ein kleiner Folienteich mit
einer kirschroten Seerose 'James Brydon'
(Nymphaea) für niedrige Wasserzonen
und einem Froschlöffel (Alisma plantago-
aquatica) fungiert als optischer Ruhepol.
Im kleinen Garten graben Sie einfach
einen Maurerkübel ein und funktionieren ihn zum Miniteich um.

Fernöstliche Ruheoase

Für eine stille Ecke im hinteren Grundstücksbereich oder ein kleines Gartenzimmer hinter Hecken wie hier aus Lebensbaum ist dieser pflegeleichte Vorschlag konzipiert. Höhepunkt der Bepflanzung ist eine langsam und verdreht wachsende Kiefer über dichter immergrüner Bodendecke. Stauden, Azaleen und sommergrüne Laubgehölze bringen Blatt- und Blütenfülle im Jahresverlauf. Ein trockener Bachlauf mit Kieseln und Steinen vermittelt das Thema Bewegung – nicht zuletzt durch die praktische Nutzung als Gehweg ist hier alles im Fluss. Planen Sie eine Ecke zum Lesen und Meditieren ein – schon entsteht ein Gartenraum, in dem Sie die Ruhe genießen können.

Majestätischer Solitär

Den absoluten Mittelpunkt der Anlage bildet die Banks-Kiefer. Sie hat den Vorteil, dass sie die Höhe von 6 m nur langsam erreicht und zudem mit dem Alter eine breite, unregelmäßige, sehr attraktive Krone bekommt. Für den Formschnitt zu japanisch anmutenden Wolkenbäumen mit flachgezogenen Astpartien eignet sie sich ganz besonders. Sie können aber auch nur ein paar kleine Zweige herausschneiden, um den Habitus des Baumes luftiger zu gestalten.

Im hinteren Beetbereich besticht eine große Halbkugel aus Buchsbaum mit ihrer ruhigen Form. Sie imitiert die in japanischen Gartenanlagen so wichtigen großen Felssteine.

Feuerwerk aus Blüten

Das Farbfeuerwerk zündet diese Anlage im Wonnemonat Mai. Nach einem langen Winter genießen wir das erste beständig warme Wetter und können mit Glück noch bis in den späten Abend im Garten sitzen. Wie schön, wenn uns die blaue Sibirische Schwertlilie 'Blue King' begrüßt. Im Gegensatz zur Bartiris brauchen Sie sie nicht alle drei Jahren umzupflanzen. Über die Jahre entstehen dichte Horste, die weder wandern noch wuchern. Suchen Sie in einer Gärtnerei nach der Sorte Ihrer Wahl – die Farbpalette umfasst weiße, blaue bis violette Töne. Viel auffälliger ist die Japanische Azalee 'Kermesina' in leuchtendem Pink. Dieser Blüher mit Signalwirkung bietet außer Gelb fast alle Farbtöne. Daher lohnt auch hier die Sortensuche in der Gärtnerei. Der Flor dieser Azaleen ist so überwältigend, dass vor lauter Farbe gar kein Blatt mehr zu sehen ist. Pflanzen Sie sie in den Hintergrund, damit das Auge erst spät an ihnen hängen bleibt und vorher noch die Gesamtanlage aufnehmen kann. Ein weiterer bunter Akteur ist der Rhododendron 'Praecox'. Seine helllila Blüten erscheinen bereits von März bis April.

Grüner Teppich

Die Kaschierung des Bodens sieht nicht nur schön aus, sie hat auch einen weiteren Vorteil: Sternmoos und Bärenfellgras lassen kein Licht auf die Erde kommen, sodass lästige Samenunkräuter gar nicht erst aufkeimen. Das erspart das Unkrauthacken und auch viel Gießarbeit, weil begrünter Boden weniger Wasser verdunstet. Im vorderen Bereich dienen Glocken-Funkien dem gleichen Zweck, ebenso der Goldschuppenfarn und der feinere Filigranfarn.

Am äußeren Beetrand leuchtet der Kletternde Spindelstrauch 'Emerald Gaiety'. Seine fröhlichen weiß gerandeten Blätter sieht man schon von ferne. In der kalten Jahreszeit kommt noch ein attraktiver rosa Ton dazu – ähnlich einer Herbstfärbung. Die Sorte wächst recht übersichtlich, alle zwei Jahre ist ein Schnitt mit der Heckenschere im April trotzdem angebracht. Hobbyfloristen freuen sich über die Triebe, die sich gut in Gestecken verwenden lassen.

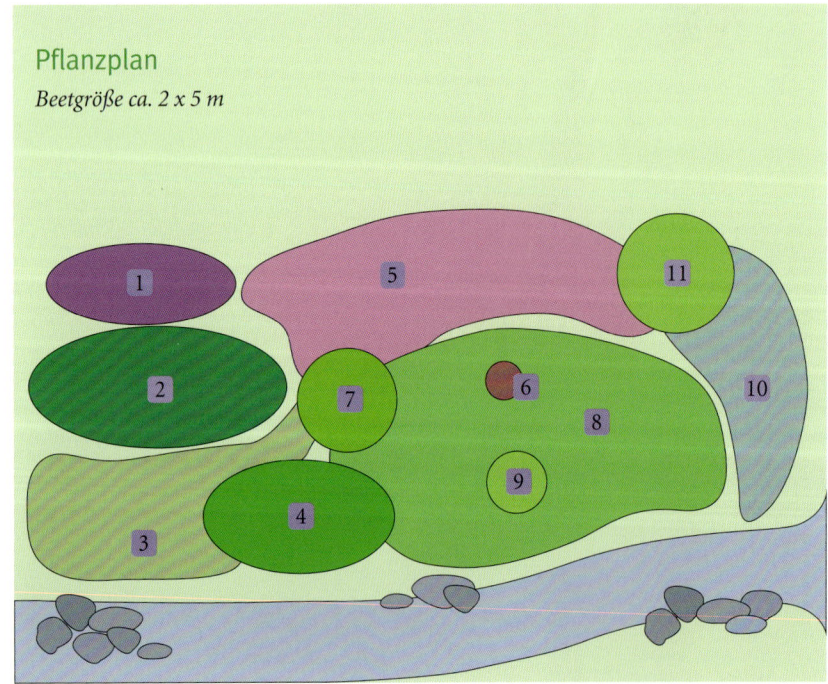

Pflanzplan
Beetgröße ca. 2 x 5 m

Pflanzliste

1. 1   Rhododendron 'Praecox' *(Rhododendron)*
2. 4   Glocken-Funkie *(Hosta ventricosa)*
3. 15 Sternmoos *(Sagina subulata)*
4. 3   Sibirische Schwertlilie 'Blue King' *(Iris sibirica)*
5. 9   Japanische Azalee 'Kermesina' *(Rhododendron × obtusum)*
6. 1   Banks-Kiefer *(Pinus banksiana)*
7. 1   Goldschuppenfarn *(Dryopteris affinis)*
8. 40 Bärenfellgras *(Festuca gautieri)*
9. 1   Filigranfarn 'Plumosum Densum' *(Polystichum setiferum)*
10. 15 Kletternder Spindelstrauch 'Emerald Gaiety' *(Euonymus fortunei)*
11. 1   Gewöhnlicher Buchsbaum *(Buxus sempervirens)*

Oben: Wegen ihrer schönen Blüten heißen Kalmien auch Lorbeerrosen. Sie sind für Rhododendren und Azaleen perfekte Partner, weil sie auch saure humose Böden lieben.

Rechts: In geschützten, wintermilden Gebieten können Kamelien traumhafte Ausmaße erreichen. Ihre rosarote Blütenpracht färbt dann für kurze Zeit die gesamte Umgebung.

Blütenzauber im Halbschatten

Fast auf jedem Grundstück findet sich ein Bereich, auf den Bäume oder angrenzende Gebäude einen lichten Halbschatten werfen. Schnell sind kleine Gehölze zu groß geworden, oder ein neu gebautes Haus nimmt ab Mittag das Licht. Hierfür bieten immergrüne Blütensträucher die perfekte Lösung. Eine Vielzahl farbenfroher Blüher fühlt sich im Dämmerlicht unter hellen Baumkronen so richtig wohl – hier ist es kühl und die Luft feucht genug, sodass die Blüten lange halten.

Für viel Farbe im Halbschatten sorgen große Rhododendron-Hybriden, die mit der Zeit meterhoch wachsen. Sie gibt es in fast unendlicher Farbvielfalt

und unterschiedlichen Blütezeiten, ein langer Flor von Ende April bis Ende Juni lässt sich durch eine entsprechende Sortenkombination leicht verwirklichen. An helleren Standorten können Sie wundervoll blühende Kamelien daneben platzieren. Als Vorpflanzung kommen Immergrüne wie die gelbe Schmuck-Mahonie 'Wintersun', buntlaubige Traubenheide 'Rainbow' und die Skimmie mit attraktiven roten Früchten in Betracht.

Für eine Erweiterung der Blütenpalette sorgen sommergrüne Schattenstars: Eichenblättrige Hortensie *(Hydrangea quercifolia)*, extrem robuste Fiederspiere *(Sorbaria sorbifolia)* und die sehr schattenverträgliche Scheinkerrie *(Rhodotypos scandens)* – alle mit weißem, weithin leuchtendem Flor.

Schicke Bodendecke

Als Vorpflanzung und für eine gelungene Begrünung offener mittlerer Flächen unter dem Blätterdach der Bäume eignen sich großblättrige Bergenien und Elfenblumen. Violettes Kleines und Großes Immergrün, gelbe Teppich-Golderdbeere und Dickmännchen sind ebenfalls robust, Letzteres schluckt sogar große Mengen Herbstlaub zwischen den Trieben. Den schicken Schlussakkord bilden Gräser wie Schneeweiße Hainsimse und die weißbunte Japan-Segge 'Ice Dance' oder auch Wurm-, Hirschzungen- und Filigranfarn.

Buntes Beet im lichten Schatten

Auch im Schatten kann es richtig bunt zugehen, Sie brauchen nur die richtige Bepflanzung zu wählen! Rhododendren übernehmen die Führung im Beet, ihre kräftig gefärbten Blüten leuchten dem Betrachter von Weitem entgegen. Auch die Azaleen beeindrucken durch flammend rosa Blüten. Stauden und Gräser folgen. Laubgehölze bringen zusätzliche Abwechslung ins Beet. Durch den gestuften, nach hinten höheren Aufbau ergibt sich die Wirkung einer prächtigen Theaterkulisse.

Blüten überall

Rhododendren bilden das Herzstück der Planung: Im Mai und Juni blüht 'Nova Zembla' mit rotem Flor und 'Cunningham's White' in reinem Weiß. Diese beiden Sorten zählen zu den robustesten Züchtungen und kommen auch mit widrigen Standorten zurecht.

Sie bilden aber nur eine kleine Auswahl aus dem riesigen Sortiment der großblumigen Hybriden, die es heute in allen Farben gibt. Sogar gelbe und orange Töne sind möglich. Wie auch die Azaleen lieben sie einen lockeren, humos-sauren Boden, den Sie durch die Zugabe von Torf und Eichenlaubkompost ohne Kalk erreichen. Auch eine Mulchschicht von Eichenlaub im Herbst wirkt Wunder. Das hält die wichtige Feuchtigkeit im Boden. Für weitere bunte Blütenpracht sorgen die Sorten 'Lavendula' und 'Kermesina', die mit hellen lavendel- und pinkfarbenen Blüten alle Rekorde brechen.

Grüne Elemente

Der Japanische Gold-Ahorn setzt mit seinem gelben Laub einen tollen Kontrast, gerade wenn der Rhododendronflor vorbei ist. Schatten ist für ihn genau richtig, denn in der Sommersonne würden die feinen Blätter verbrennen und sich einrollen. Auch immergrüner Bambus ist mit seinem

zierlichen Laub für den Hintergrund des Beetes geeignet. Besonders im Winter macht er mit einer leichten Haube aus Schnee eine gute Figur.

Den Übergang von den höheren Pflanzen zum Rasen bilden hübsche Bodendecker. Sie bewirken eine optische Tiefe in die Beetmitte hinein. Natürlich sollen ihre Blätter auch im Winter grün und attraktiv aussehen. Dafür ist die Elfenblume 'Frohnleiten' das beste Beispiel: Auf drahtigen Stielen bildet ihr Grün eine dichte, schöne Kuppel. Schneiden Sie die Pflanze erst Ende März im neuen Jahr mit der Heckenschere zurück. Dann erscheinen nämlich die Blüten zusammen mit den neuen Blättern. Die zweite große Fläche bepflanzen Sie mit der Teppich-Golderdbeere mit schönem gelbem Flor. Dicht und niedrig rückt sie die Grashorste der Japan-Segge ins rechte Licht. Alternativ lässt sich das Kleine Immergrün verwenden, dass im Frühjahr statt gelber Blüten einen blauen, weißen oder bordeauxroten Ton zeigt – je nach Sorte. Ganz am Rand des Beetes verströmen zwei großblumige Funkien von August bis September ihr Parfum.

Licht schaffen

Bevor Sie pflanzen, sollten Sie die herausgewachsenen Gehölzbereiche öffnen. Oft kann man vor bodenlangen Vorhängen der dicht belaubten grünen Äste gar nicht mehr in den Bereich hineinschauen. Dabei ist diese optische Tiefe gerade bei kleinen Grundstücken wichtig – holen Sie sich diesen verschenkten Platz schnell zurück. Dafür werden einzelne Gehölze ganz herausgenommen. Andere werden aufgeastet – das heißt, die unteren Äste entfernen Sie bis auf eine Höhe von 2–3 m. Dadurch fällt wieder mehr Licht auf den Boden, und die neu gepflanzten Immergrünen bringen Farbe, Struktur und neue Pracht in diesen Bereich.

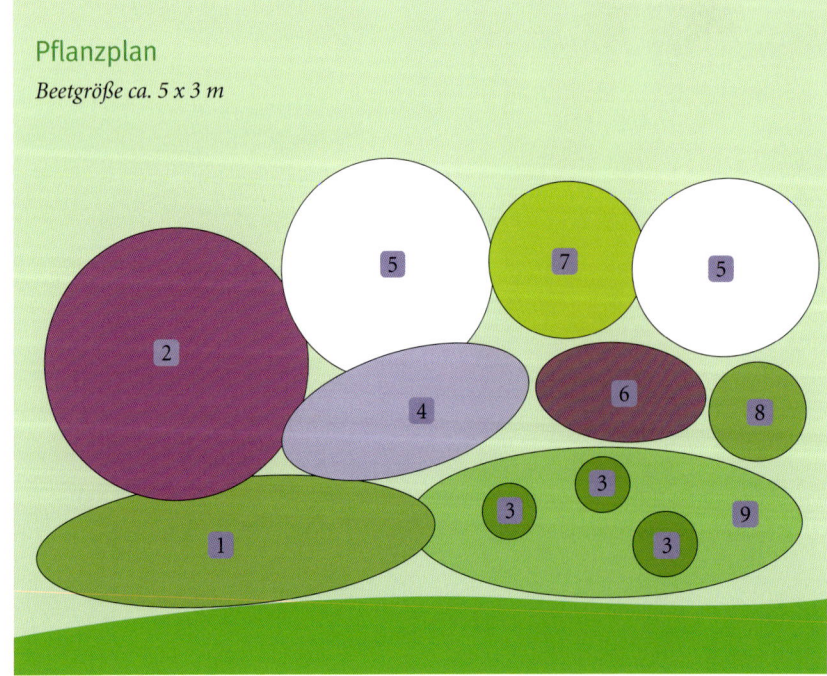

Pflanzplan
Beetgröße ca. 5 x 3 m

Pflanzliste

1	10	Elfenblume 'Frohnleiten' *(Epimedium perralderianum)*
2	1	Rhododendron 'Nova Zembla' *(Rhododendron-Hybride)*
3	3	Japan-Segge *(Carex morrowii)*
4	3	Rhododendron 'Lavendula' *(Rhododendron-Hybride)*
5	2	Rhododendron 'Cunningham's White' *(Rhododendron-Hybride)*
6	2	Japanische Azalee 'Kermesina' *(Rhododendron obtusum)*
7	1	Japanischer Gold-Ahorn 'Aureum' *(Acer shirawasanum)*
8	2	Lilien-Funkie 'Royal Standard' *(Hosta plantaginea)*
9	30	Teppich-Golderdbeere *(Waldsteinia ternata)*

Links: *Entfernen Sie bei Gehölzen die untersten Äste, dann lässt sich der gewonnene Raum prima mit Rhododendren und Azaleen schmücken.*

Unten: *Kein Frühlingsbeet ohne die wunderschönen Lenzrosenblüten. Obwohl die Pracht so exotisch aussieht, sind diesez Stauden ungemein dauerhaft und unkompliziert.*

Lichtes Grün unter Bäumen

Hohe Kastanien, ausladende Ahornbäume oder dichte Haselnusssträucher – auf vielen Grundstücken gibt es Ecken, in die wenig Sonne fällt. Manchmal haben die Vorbesitzer des Gartens die Gehölze einfach wachsen lassen, in anderen Fällen haben Sie vor Jahren vielleicht selbst zu dicht gepflanzt. Weil die Baumschulware anfangs noch so klein wirkt, achtet man selten auf den richtigen Pflanzabstand, sondern setzt die doppelte Menge. Dann entsteht schnell ein Dickicht, das sich gegenseitig in die Höhe treibt.

Fragen Sie beim Kauf nach der Endgröße der Koniferen und beachten Sie den Platzbedarf schon beim Pflanzen. Die Zwischenräume können Sie mit blühenden Bodendeckern füllen.

Beherzter Einsatz

Schon mit wenigen Handgriffen kommt wieder mehr Licht unter hohe Bäume – beste Voraussetzung für immergrüne Pflanzen, diese absonnigen Bereiche mit Blüten aufzuhellen. Zu große Gehölzgruppen an Gartengrenzen beispielsweise lassen sich leicht auslichten, aufasten und mit schönem neuem Blattwerk aufwerten. Dafür sollte etwa ein Drittel der bestehenden Gehölze für neue Pflanzen weichen. Bei den verbliebenen Bäumen können Sie die Äste bis auf 3 m Höhe entfernen, das bietet sich vor allem dann an, wenn Sie die Gehölzgruppe von der Terrasse aus sehen. Breite Kronen lassen sich zudem auslichten und einkürzen.

Vorsicht ist bei mehreren zusammengewachsenen Scheinzypressen oder Lebensbäumen geboten: Fällen Sie einen heraus oder kappen große Äste, bleibt die geöffnete Sicht ins Innenleben der Gehölze braun. Im Gegensatz zur Eibe treiben diese Arten nicht mehr aus dem alten Holz aus.

Die Aufräumaktion im Dickicht hat neben dem neuen frischen Grün noch einen weiteren Vorteil: Durch die Öffnung des unteren Gehölzbereichs gewinnt das Grundstück stark an Größe – so können Sie vom Liegestuhl auf der Terrasse wieder ungehindert die ganze Tiefe des Gartens genießen.

Zauberhaftes Grün

Der geöffnete Gehölzstreifen bietet eine gute Gelegenheit, den lichten Schatten mit einer herrlich grünen Kulisse zu füllen. Ideal ist eine abgestufte Pflanzung, die das ganze Jahr über in den schönsten grünen Nuancen leuchtet. Ein immergrüner Sichtschutz grenzt zum Nachbarn ab und sichert so die Privatsphäre. Sorgfältig arrangierte Blütenstauden und Rhododendron setzen farbkräftige Blickpunkte.

Beginnen Sie mit dem Sichtschutz, indem Sie z. B. aus einzelnen Eiben eine Hecke bilden. Pflanzen Sie die Sorte 'Straight Hedge' mit aufrechtem Wuchs oder 'Summergold', deren Nadeln sich im Schatten in einer herrlichen Mischung aus Hellgrün und Gelb färben. Setzen Sie den hohen Kirschlorbeer 'Diana' dazu und davor die niedrige Sorte 'Otto Luyken', beide hellen mit ihren weißen, aufrechten Blütentrauben den Schatten auf. Als Kombinationspartner eignet sich die elegante Schmuck-Mahonie mit ihren riesigen Blättern und gelben Blütentrauben. Alle Sorten lassen sich sehr gut mit der Heckenschere in ihrem Wuchs begrenzen. Einzig die Mahonie verliert bei einem Eingriff schnell ihre schöne Form.

Die Kleinen nach vorne

An den vorderen Beetrand vor die Gehölzgruppe setzen Sie niedrigere Blattschmuckpflanzen, z. B. Funkien, deren Laub in blauen Tönen changiert oder weiße oder gelbe Streifen trägt. Sie gibt es in unerschöpflicher Vielfalt, und manche Hobbygärtner sind bereits einer Sammelleidenschaft erlegen. Von knöchelhohen Zwergen bis hüfthohen Riesen ist alles möglich.

Bergenien mit ihren großen, ledrigen Blättern, Farne und Gräser bilden dazu die immergrüne Nachbarschaft. Die große Riesen-Segge *(Carex pendula)*, die flache Wald-Hainsimse *(Luzula sylvatica)* mit weißen Blütenknäueln und die Breitblatt-Segge *(Carex plantaginea)* eignen sich besonders für diesen vorderen Bereich.

Zu dem Grün der Blattschmuckpflanzen setzen Stauden schöne Farbaspekte: Hohe Arten als Übergang zu den Gehölzen sind Wald-Glockenblume *(Campanula latifolia)* mit blauviolettem Flor, Wald-Geißbart *(Aruncus dioicus)* und Kandelaber-Silberkerze *(Cimicifuga dahurica)*, beide in Weiß. Sie bleiben ihrem Standort wie die Funkien für Jahrzehnte treu. Höhepunkt im Frühjahr sind die wunderschönen Christrosen mit Blüten von rosa bis dunkelviolett.

Oben: *Rhododendren wie die Sorte 'Roseum Elegans' tauchen mit ihren herrlichen Blüten schattige Stellen in Farbe. Schön dazu sind sommergrüne Funkien und elegante Farne.*

Gute Pflege für die Immergrünen

Immergrüne Schönheiten sind genügsam und robust. Mit einem Minimum an Pflege schmücken sie den Garten jahrein, jahraus.

Ein guter Start
Boden und Lichtverhältnisse entscheiden maßgeblich darüber, ob eine Pflanze gut gedeiht. Lernen Sie diese Standortfaktoren in Ihrem Garten kennen.

Unter den Immergrünen – wie bei allen Pflanzen – gibt es Sonnenliebhaber, die viel Licht brauchen, andere leiden unter der vollen Sonne und blühen erst im Schatten richtig auf. Daher ist es wichtig, die Lichtverhältnisse in Ihrem Garten genau zu erforschen (→ Seite 18/19). Beete, die den Sonne nur für kurze Zeit erreicht, fühlen sich Schattenpflanzen am wohlsten. Auch davon gibt es eine reiche Auswahl.

Erde ist nicht gleich Erde

Schauen Sie sich als Nächstes den Boden genauer an, denn nicht jede Pflanze gedeiht in jedem Bodentyp. Die Zusammensetzung des Bodens bestimmt seine Eigenschaften. Ist viel Sand enthalten, erwärmt sich der Boden im Frühjahr leicht und lässt sich nach Regenfällen gut bearbeiten. Dafür hält er aber nur geringe Mengen wichtiger Pflanzennährstoffe wie Stickstoff, Phosphor und Kalium. Besteht der Boden dagegen eher aus vielen feinen Tonanteilen, ist die Haltekraft für Nährstoffe sehr gut ausgeprägt. Der Boden ist sehr fruchtbar und hält im Sommer lange die Feuchtigkeit. Nach einem Regen lässt er sich aber schlecht bearbeiten.

Nehmen Sie etwas Erde in die Hand, so finden Sie heraus, was für ein Bodentyp bei Ihnen vorliegt. Lässt sich die leicht feuchte Probe zu einer dicken Wurst formen, enthält der Boden viele feine Partikel, das heißt, es liegt ein lehmiger oder toniger Boden vor. Je besser sich der Boden formen lässt, desto höher ist der Tonanteil. Rieselt er stattdessen durch die Finger und lässt sich nicht formen, zeigt das einen sandigen Boden an. Meist können Sie die Sandkörner zwischen den Fingern spüren.

Sie brauchen keinen neuen Mutterboden zu kaufen, besser ist es, die eigene Erde auf Trab zu bringen: Arbeiten Sie bei tonigem Lehm vier Eimer Maurersand pro Quadratmeter ein, das macht

Oben: *Ton, Lehm und Sand – Bodenarten mit einer ganz feinen bzw. sehr groben Struktur. Nehmen Sie eine Probe, um den Bedarf an Kalk und Nährstoffen festzustellen.*

Rechts: *Gelbsenf und violetter Bienenfreund verbessern als Gründüngungspflanzen den Boden.*

Großteil des Tages in der Sonne liegen, bepflanzen Sie mit sonnenhungrigen Immergrünen. Doch Vorsicht: Vor einer Mauer kann es im Sommer bei voller Sonne schon einmal richtig heiß werden. Mit diesem trockenen, heißen Klima kommen mediterrane Pflanzen am besten zurecht. Gießen nicht vergessen, besonders im Hochsommer! Werfen Gebäude oder Bäume einige Stunden am Tag Schatten auf die Fläche, sind Pflanzen für den Halbschatten die richtige Wahl. An Stellen, die die

ihn viel luftiger und einfacher zu bearbeiten. Trockenen Sandboden bessern Sie dagegen mit Bentonit – einem Tonmineral zum Aufstreuen – auf. Mit zwei Handvoll je Quadratmeter wird er fruchtbarer und hält wesentlich länger die Feuchtigkeit. Für alle Böden ist ein halber Eimer reifer Kompost je Quadratmeter ein Jungbrunnen – er sorgt für Nährstoffe, verbessert die Struktur und das Bodenleben.

Am Anfang steht die Untersuchung

Den pH-Wert, auch Säurewert des Bodens genannt, können Sie selbst über einen einfachen pH-Test bestimmen. Arbeiten Sie sich einfach Schritt für Schritt durch die Packungsbeilage. Doch auch der Gehalt an den drei Grundnährstoffen Stickstoff, Phosphor und Kalium bestimmt maßgeblich das Wachstum unserer Gartenpflanzen. Kümmerwuchs, gelbe Nadeln oder Blätter weisen meist auf einen Mangel an diesen Nährstoffen hin. Eine Bodenuntersuchung hilft dann weiter. Dafür nehmen Sie an verschiedenen Stellen Ihres Gartens etwas Erde und mischen sie. Schicken Sie diese Probe an ein Untersuchungslabor. Auch die Landwirtschaftlichen Untersuchungs- und Forschungsanstalten führen solche Untersuchungen durch (→ Seite 138). Die Untersuchung enthält Angaben zum Bodentyp und gibt Düngeempfehlungen für Kalk und die drei Grundnährstoffe. Mit der Auflistung können Sie einfach im nächsten Gartencenter oder Agrarmarkt die jeweiligen Einzeldünger kaufen. Bringen Sie den kohlensauren Kalk im Winter aus, damit der Regen ihn einwaschen kann. Gekörnte

Ware staubt weniger beim Ausbringen. Schützen Sie die Hände unbedingt mit dünnen Handschuhen.

Verdichtete Böden lockern

Gerade Böden mit hohem Tongehalt reagieren empfindlich auf Verdichtung, wie sie Baukräne oder Bagger auf Neubaugrundstücken hinterlassen. Das Umgraben in doppelter Spatentiefe hilft, verfestigte Böden wieder zu lockern. Sie können auch, bevor Sie Ihren Garten anlegen, Gründüngungspflanzen wie Bienenfreund, Ölrettich oder Düngelupinen für die Lockerung einsetzen. Die Saat keimt schnell und erschließt mit ihren Wurzeln 1 m tiefe Bodenschichten. Außerdem dienen die Pflanzen als Futter für Regenwürmer, die ebenfalls hervorragend lockern. Mähen Sie die Pflanzen vor der Samenreife ab.

Links: *Im Beratungsgespräch mit Fachleuten erfahren Sie genau, wie Sie Immergrüne am besten pflanzen. Jede Pflanzenart hat dabei ihre Tricks und Eigenheiten.*

Unten: *Diese Eiben zeigen Qualität – der Ballen ist fest und rund. Entfernen Sie vor der Pflanzung den Strick und das umgebende Jutegewebe.*

Qualität von der Wurzel bis zum Blatt

Auf der Suche nach guter Qualität bietet sich die örtliche Baumschule an, denn hier wird die Ware produziert. In kalten Regionen sind die Pflanzen bereits an das Klima angepasst, zudem gleichen sich die Erde im Ballen und die Erde am neuen Standort im Garten. Pflanzen Sie dagegen eine Eibe mit Sandballen in einen stark lehmigen Gartenboden, kann es bei zu intensivem Wässern zu Staunässe kommen, weil die Pflanzgrube wie ein Blumentopf wirkt und und das Wasser nicht abläuft. Generell wachsen Ballenpflanzen, die frisch vom Acker gerodet sind, besser an als Ware im Container, das gilt ganz besonders für große Pflanzen. Allerdings geht durch das Roden ein Teil der Wurzeln verloren, weswegen Sie Ballenpflanzen nur zu den jeweiligen Pflanzzeiten im Frühjahr bzw. Herbst setzen sollten. Wer auch zwischendurch pflanzen will, greift auf Containerpflanzen zurück, sie werden ganzjährig angeboten. Wählen sie nur gesunde Pflanzen. Der Wuchs, die Farbe und der Zustand der Wurzeln geben Auskunft.

Die äußere Form entscheidet

Schauen Sie auf Nadeln und Blätter:
Sind sie kräftig grün ausgefärbt und
haben eine ausgewogene typische
Größe, ist das ein gutes Zeichen. Auch
alle Triebe der Pflanze und damit ihr
gesamter Habitus sollten z. B. bei
Lebensbaum, Eibe und Scheinzypresse
dicht, straff und geschlossen sein.
Machen Sie die Probe aufs Exempel und
schütteln Sie die Pflanze kräftig durch:
Wippen lange Triebe schlaff zu den Seiten, richten sich nur langsam wieder auf
oder zeigen sich plötzlich Lücken,
stimmt die Qualität nicht.
Ein weiteres Indiz ist der letzte Jahreszuwachs. Haben die Pflanzen, z. B.
Schmuck-Mahonie und Kirschlorbeer,
nur ganz kurze neue Zweige hervorge-
bracht und das Grün der Blätter ten-
diert eher Richtung Gelb, sollten Sie
vom Kauf Abstand nehmen. Solche
Containerware ist schon zu lange im
Topf und schlecht ernährt. Besonders
schwierig ist dies bei Koniferen wie Eibe
und Wacholder. Die Pflanzen behalten
ihre Wuchsdepression über Jahre und
erholen sich im Garten nur langsam.

Qualität fängt an der Wurzel an

Nehmen Sie auch das Wurzelwerk in
Augenschein: Ein fester Ballen ist
Garant für ein tadelloses Wachstum in
Ihrem Garten. Ob sich die Form dabei
kugel- oder flachrund zeigt, ist uner-
heblich – Hauptsache, der Erdkern fühlt
sich fest an und hängt beim Anheben
nicht wie ein nasser Sack nach unten.
Heben Sie Gehölze, die im Container
stehen, vor dem Kauf kurz aus dem
Topf: Zeigen sich wenige Wurzeln und

Praxis-Tipps

Große Gehölze entwickeln bei langer
Standzeit im Container leicht Drehwurzeln. Sie wachsen am Topfboden in
der Runde. Solche Ware sollten Sie
meiden. Oder Sie durchtrennen die
Drehwurzeln, indem Sie mit einer Rosenschere viermal in die Erde des unteren
Ballenrands schneiden. Anderenfalls
können die Bäume später kümmern
und sind nicht sturmfest. Bei Ballenpflanzen, die frisch aus der Erde gerodet sind, gibt es das Problem nicht.

fällt frische Erde vom Ballen, ist die
Pflanze ihr Geld noch nicht wert. Sehen
Sie in den unteren zwei Dritteln des
Topfballens vor Wurzeln jedoch keine
Erde mehr, steht die Pflanze schon zu
lange im gleichen Container. Solche
Ware wächst im Garten nur schwer an.

Versteckte Mängel

Bei vielen Pflanzen kommt es auf die
inneren Werte an, damit Sie auch in
schwierigen Wetterlagen Freude an
ihnen haben. Verzärtelte Pflanzen aus
dem Gewächshaus sind oft nicht genügend abgehärtet, um schadlos einen kalten Winter im Garten zu überstehen.
Das Gleiche gilt für Immergrüne, die
einen massiven Jahreszuwachs gemacht
haben und deren Laub ganz dunkel und
beinahe blaugrün wirkt. Hier hat die
Gärtnerei viel Stickstoff eingesetzt, der
die Winterhärte heruntersetzt.

*Oben: Achten Sie auf Qualität: Gute
Wurzelballen sind auf ganzer Fläche
durchwurzelt, es ist allerding noch Topfsubstrat zu erkennen. Bei zu alter Ware
ist der Ballen verfilzt.*

Richtig pflanzen

Zunächst stellt sich die Frage nach dem richtigen Zeitpunkt: Immergrüne mit Ballen pflanzen Sie am besten im Frühjahr von März bis Mai. Gerade bei empfindlichen Gattungen wie Kamelien, Salbei oder Lavendel vermeiden Sie dadurch Frostschäden. Eibe, Lebensbaum & Co. können Sie auch im August setzen, zu dieser Zeit treiben sie viele neue Wurzeln und wachsen vor dem Winter gut ein. Alle klein bleibenden Immergrünen, besonders die Bodendecker, bekommen Sie heute nur noch im Container – sie lassen sich also während des ganzen Jahres pflanzen.

Als Nächstes gilt: Gründliche Vorbereitung ist alles! Lockern Sie den neuen Standort tiefgehend mit dem Spaten, das entscheidet über das Wachstum der nächsten Jahre. Die Faustregel: Das Pflanzloch sollte doppelt so breit und dreimal so tief sein, wie der Ballen groß ist. Bei großen Solitären graben Sie es Monate vorher und verfüllen es wieder, damit sich die Erde setzen kann. Muss

es schnell gehen, können Sie die Erde auch beim Einfüllen in Lagen alle 20 cm festtreten. Dann pflanzen Sie das Gehölz 5 cm höher, als es vorher gestanden hat, weil sich der Boden noch setzt. Pflanzen Sie dagegen 10 cm zu tief, leiden die Wurzeln bereits, und die Konifere kümmert in Zukunft. Für Heckenpflanzungen spart ein Pflanzgraben statt einzelner Löcher viel Arbeit (→ Fotos 1–6). Wichtig: Dünger, Torf, Kompost oder Mist nie unten in das Loch geben, sondern nur in der obersten Bodenschicht einhacken (→ Seite 74/75).

Wenn die Baumschule oder Gärtnerei die Pflanzen beim sogenannten Ballieren auf dem Acker ausgräbt, verlieren sie einen Großteil ihrer feinen Wurzeln. Dadurch ist das ausgewogene Verhältnis der Wurzel zum Grün gestört. Stellen Sie es durch einen Pflanzschnitt wieder her. Bei Lebensbaum, Wacholder und Scheinzypresse kürzen Sie dafür die letztjährigen Triebe um ca. ein Drittel. Bodendecker schneiden Sie um die Hälfte zurück. Bäume wie Kiefer, Tanne und veredelte Scheinzypressenformen

würden durch einen Schnitt ihren Habitus einbüßen. Nehmen Sie hier lieber ein stockendes Wachstum in den ersten ein, zwei Jahren in Kauf.

Bei Containerware schneiden Sie viermal in den Boden des Topfballens und reißen die Seiten leicht mit einem Grubber auf. Dadurch verbessert sich das Einwurzeln, weil Topfsubstrat und Pflanzerde sich miteinander verzahnen.

Wind & Wetter

Ab einer Pflanzenhöhe von ca. 1 m sollten Sie Koniferen stützen, und zwar mit einem Holzpfahl, den Sie vorher einschlagen. Auf halber Höhe befestigen Sie den Pfahl mit Kokosstrick oder Baumbindern aus Kunststoff. Draht oder Wäscheleine schneiden dagegen schnell in die Rinde ein und führen zu schweren Schäden.

Im ersten Jahr kann es für empfindliche Immergrüne von Vorteil sein, wenn die Sonne ausgeblendet wird. So bleibt mehr Zeit zum Einwurzeln, weil Blätter oder Nadeln weniger Wasser verduns-

1 *Legen Sie sich vor der Pflanzung der Hecke aus Lebensbaum alles Nötige zurecht: einen scharfen Spaten, Pflanzschnur zum geraden Ausrichten, Kompost und eine Gießkanne. Die Schubkarre erleichtert den Transport.*

2 *Zuerst spannen Sie die Pflanzschnur. Schlagen Sie die Pflöcke so ein, dass die Schnur ca. 10 cm über dem Boden schwebt. An ihr entlang heben Sie den Graben mindestens spatentief aus und graben die Sohle einmal um.*

3 *Erde festtreten und die Pflanzen auf Abstand einsetzen. Bei Bäumen in der abgebildeten Größe rechnen Sie mit drei Pflanzen pro Meter. Die Pflanzen sollten ca. 5 cm höher im Graben stehen als in der Baumschule.*

ten. Errichten Sie einfach auf drei Seiten – von Osten bis Westen – eine Sonnenblende aus grünem Schattiergewebe vom Gärtner.

Gut wässern

Zuletzt formen Sie um jede Pflanze einen Gießrand und schlämmen mit einigen Eimern Wasser ein. Bei einer Frühjahrs- oder Augustpflanzung geben Sie für die nächsten vier Monate alle vier Tage ein bis zwei Eimer Wasser. Auch über den Winter – in der frostfreien Zeit – ist das wichtig. Flächige Pflanzungen beregnen Sie entsprechend, wobei eine Mulchschicht aus Holzhäcksel mehr Feuchte im Boden hält. Für Hecken hat sich ein Perlschlauch bewährt, der auf ganzer Länge direkt an den Pflanzen verlegt wird und das Wasser „ausschwitzt". Er gibt das Wasser punktgenau und langsam ab, sodass es genau da ankommt, wo es gebraucht wird. Dadurch bleiben trotz des notwendigen stundenlangen Betriebes die Wasserkosten niedrig.

4 *Anschließend füllen Sie die lockere Erde wieder ein. Sind die Ballen zur Hälfte verdeckt, treten Sie die Erde fest. Schneiden Sie nun die Ballentücher auf und legen Sie sie von der Pflanze weg. Dann bis oben mit Erde verfüllen.*

5 *Kontrollieren Sie anschließend vom Ende der Reihe her die gerade Linie. Ausreißer rücken Sie mit festem Griff in der Stammmitte wieder gerade. Dann Kompost oberflächlich einarbeiten und die Erde gut festtreten.*

6 *Ganz wichtig: das Einschlämmen. Erstellen Sie einzelne Gießmulden oder einen langen Wall und wässern Sie mit grobem Strahl, damit sich die Hohlräume um die Ballen schließen. Das erleichtert das Einwurzeln.*

So gedeihen Rhododendron und Co

Rechts: Die richtige Höhe entscheidet über den Erfolg: Ein Spaten über der Pflanzstelle erleichtert die Positionierung. So kommen die Wurzeln nicht zu tief in die Erde.

Unten: Bei Lehmböden lohnt sich eine Rhizomsperre oder Kunststofffolie, um den Pflanzbereich aus saurer Torferde vor Einspülungen der kalkhaltigen Umgebung zu bewahren.

In der Natur wachsen Rhododendren und Azaleen an schattigen Berghängen und in lichten Wäldern. Hier können bei manchen Arten richtige Wälder entstehen, die überreich blühen und teilweise haushoch werden. Voraussetzung ist ein saurer, feuchter Torfboden, weshalb man sie auch als Moorbeetgewächse bezeichnet. Auch Heidelbeere, Kamelie und Skimmie gehören zu dieser Pflanzengruppe.

Die Ansprüche an den Boden sollten Sie bei der Pflanzung in Ihrem Garten berücksichtigen. Auf lehmigen oder tonhaltigen Böden (→ Seite 74/75) zeigen die Pflanzen bereits nach dem ersten Jahr kaum neues Wachstum und bekommen übermäßig viele gelbe Blätter, die bald danach abfallen. Mit der richtigen Bodenvorbereitung haben Sie dagegen auch auf diesen schweren Standorten über viele Jahre wachsende Freude mit den Moorbeetgewächsen.

Robust: Inkarho®-Rhododendren

Für alle Gartenliebhaber, die aus Umweltschutzgründen auf den massiven Einsatz von Torf verzichten wollen, aber auf ihren kalkreichen, lehmigen Böden trotzdem prächtige Rhododendren ziehen möchten, gibt es seit wenigen Jahren eine Lösung, die sich immer mehr durchsetzt: Inkarho®-Rhododendren. Der Name leitet sich ab von „Interessengemeinschaft kalktoleranter Rhododendron": Dieser Zusammenschluss von 15 Baumschulen hat in jahrzehntelanger Züchtungsarbeit ein wahres Wunderwerk vollbracht. Blütenstarke Sorten wurden auf eine kalktolerante Inkarho®-Unterlage veredelt, die selbst ton- und lehmhaltige Böden mit hohem pH-Wert toleriert. Rund zwei Drittel Torf oder Rhododendronerde können so eingespart werden. Besonders interessant sind zwei Inkarho®-Rhododendren speziell für Hecken – die erste immergrüne Grundstücksgrenze, die zur Blütezeit berauschend viel Farbe zeigt. Fragen Sie nach 'Inkarho®-Dufthecke weiß' und 'Inkarho®-Dufthecke lila'. Beide werden bis 1,5 m hoch, entwickeln ein tolles Parfum und wachsen bei guter Wasserversorgung sogar in der Sonne.

Pflanzen leicht gemacht

Der richtige Zeitpunkt für das Pflanzen sind die Monate April und Mai. Heben Sie als Erstes ein breites Pflanzloch aus: Für eine großblumige Rhododendron-Hybride reicht ein Loch von 1 m Durchmesser und 0,5 m Tiefe, denn

Rhododendren wurzeln eher breit als tief. Eine Kunststoff-Rhizomsperre aus dem Gartencenter verhindert, dass von den Seiten kalkhaltiges Bodenwasser einsickert. Kleiden Sie das Pflanzloch an den Seiten einfach mit der Folie aus.

Nun bereiten Sie den Boden vor. Bei lehmiger Erde ersetzen Sie den Aushub komplett durch Torf oder Rhododendronerde. Ist die Gartenerde eher sandig und hat einen niedrigen pH-Wert (Bodenprobe, → Seite 74/75), genügt es, den Aushub zur Hälfte mit Torf zu vermischen. Bei hohem pH-Wert nehmen Sie etwas mehr Torf.

Gerade für kleinräumige Situationen bieten sich Hoch- oder Hügelbeete aus reinem Torf an. Für ein Hügelbeet häufen Sie einfach den Torf zu einem Hügel an. An die Ränder pflanzen Sie Bodendecker, damit die Erde nicht weggespült wird. Hochbeete fassen Sie mit Holz- oder Betonpalisaden ein und füllen mit Torf auf. Solche Beete lassen sich gut als optische Trennung zu anderen Gartenbereichen einsetzen.

Moorbeetgewächse haben ein feines Wurzelwerk und dürfen nicht zu tief gesetzt werden, weil sonst die Wurzeln absterben. Legen Sie einen Spaten oder Stab als Orientierung quer über das Pflanzloch. Nun setzen Sie die Pflanze so ein, dass die Oberseite des Ballens sich auf der Höhe des Stabes oder 1–2 cm darüber befindet, in keinem Fall sollte sie darunter liegen.

Nach der Pflanzung brauchen sie viel Wasser zum Angießen, weil der Torf meist sehr trocken ist – leeren Sie mindestens fünf Gießkannen über die Brause. Eine dicke Mulchschicht aus Eichenlaub oder Rinde hält den Boden feucht und schützt vor Unkraut. Auch zum weiteren Gedeihen brauchen Moorbeetgewächse immer einen feuchten Boden. Speziell zum Laubaustrieb und zu Beginn der Winterperiode ist der Bedarf sehr hoch. Praktisch ist es, per Sprenger über Kopf zu beregnen, weil die Pflanzen auch über ihre Blätter Wasser aufnehmen können.

Perfekt für Kübel und Container

Rhododendren eignen sich wunderbar für halbschattige bis schattige Balkone. Gerade die klein bleibenden Yakushimanum-Hybriden wachsen bestens in großen, breiten Kübeln und Kästen. Achten Sie auf eine Lage Tonscherben, die als Drainage das Abzugsloch frei hält. Bei stark kalkhaltigem Leitungswasser geben Sie dem Gießwasser wöchentlich so viel Essig hinzu, bis der pH-Test ein saures Milieu anzeigt. Oder Sie steigen ganz auf Regenwasser um.

Links: *Brechen Sie sofort nach dem Flor das Verblühte aus. So gehen Sie sicher, dass Sie nicht aus Versehen neue Triebe erwischen, die sich hier kurz darauf entwickeln.*

Unten: *Rhododendren lassen sich gut schneiden. Mit scharfer Schere kürzen Sie direkt über einer Verzweigung oder knapp darunter.*

Moorbeetgewächse lieben kühles Nass

Rhododendren wachsen von Natur aus an feuchten Berghängen – gerade im Mai und Juni, wenn der Laubaustrieb an die Blütenphase anschließt, mögen sie bei uns im Garten eine kräftige Dusche. Wässern Sie zusätzlich im August bei sehr trockenheißem Sommerwetter und im November/Dezember vor den Winterfrösten. Stellen Sie einen Regner auf – die Pflanze nimmt Feuchtigkeit auch über das Blatt auf. Natürlich spielt auch der Standort eine Rolle, als Faustregel gilt: Je sonniger die Lage, desto mehr Wasser benötigen Ihre Moorbeetgewächse. An einem Platz unter tief wurzelnden Bäumen wie Eichen und Kiefern oder im Schatten einer Hauswand fühlen sie sich am wohlsten. Fehlt der Schatten, kann es im Winter zu Frosttrocknis kommen: Die Blätter tauen im Sonnenschein auf und verdunsten Feuchtigkeit, obwohl der Boden noch gefroren ist. Rhododendren und besonders Kamelien können dann von unten kein Wasser ziehen und bekommen braune Blattspitzen. Als ebenso einfache wie wirkungsvolle Lösung bieten sich Schilfmatten oder gespanntes grünes Schattiergewebe aus der Baumschule oder der Gärtnerei an.

Düngen – aber richtig

Moorbeetgewächse brauchen viele Nährstoffe, um üppig zu blühen. Dafür sorgt Volldünger wie Blaukorn ab Ende März. Streuen Sie eine Handvoll pro laufendem Meter Kronentraufe. Das ist der Wurzelbereich direkt unterhalb der äußersten Äste, der sich wie ein Ring einmal um die Pflanze zieht. Hier sitzen die saugfähigen jungen Wurzeln. Direkt am Stamm kann die Pflanze den Dünger dagegen gar nicht aufnehmen. Ein üppiges Grün der Blätter bewirken auch Hornspäne. Hiervon streuen Sie im März und noch einmal Ende Juni je eine halbe Handvoll pro laufendem Meter Kronentraufe. Hacken Sie den Dünger aber auf keinen Fall ein – die ganz flach laufenden Rhododendronwurzeln würden Schaden nehmen. Besser ist es, den Dünger mit einer dünnen Schicht Torf abzudecken. Das hält den Boden feucht, und Unkräuter bekommen keine Chance.

Einfache Pflegeschritte

Ist der Flor gerade vorbei, entfernen Sie sofort die vertrocknenden Blüten. So unterbinden Sie die Samenbildung und sparen dem Strauch wertvolle Energie. Die braucht er für die neuen Triebe, die schon gleich unter dem Verblühten hervorkommen. Warten Sie nur wenige Tage zu lang, brechen sie beim Ausputzen leicht mit ab.

Im Sommer spült ein Schauer aus der Gartenspritze schnell den Staub von den Blättern – so sieht der Garten wieder frisch aus. Schütteln Sie im Winter vorsichtig ein Zuviel an Schnee herunter, damit die Äste nicht brechen. Moorbeetgewächse sind sehr robust, wenn Boden, Düngung und Bewässerung stimmen. Trotzdem stellen sich zuweilen Schädlinge ein. Ab Mai zeigen sich manchmal die nur 5 mm großen, lebhaft springenden Rhododendronzikaden. Bei der Eiablage stechen sie in die jungen Knospen und übertragen dabei einen Pilz. Dadurch sterben die Knospen im Jahresverlauf und färben sich braun. Oft zeigt sich der Schädlingsbefall aber erst im kommenden Frühjahr, wenn manche Knospen nicht blühen. Die Zikaden lassen sich leicht mit Gelbtafeln und Insektizid von Mai bis August in Schach halten.

Dickmaulrüssler dagegen fressen nachts kleine Buchten in die Blattränder. Gerade bei Rhododendren, aber auch bei Efeu und Kirschlorbeer auf warmen Balkonen passiert das leicht. Das eigentliche Problem sind die 1 cm großen, weißen Larven, die mit riesigem Hunger an den Wurzeln fressen. Sie fühlen sich im Topfsubstrat richtig wohl, weil es sich schneller erwärmt. Diese Vielfraße

können Sie gut mit Nematoden bekämpfen, die Sie im Gartenmarkt bekommen: Bringen Sie sie zwei Jahre lang im Mai und im August einmalig mit dem Gießwasser aus.

Keine Angst vor dem Schnitt

Werden die Rhododendren Ihnen zu groß, schneiden Sie sie zurück. Das geht ganz leicht – allerdings sollten Sie den Schnitt etwas planen! Düngen Sie dafür Ihre Pflanzen im März mit einem Langzeitdünger und Hornspänen. Direkt nach der Blüte können Sie dann kürzen – immer direkt über einer Astgabel. Sogar eine Kappung auf 40–100 cm Höhe vertragen die Sträucher, wenn sie Ihnen nach Jahren zu groß geworden sind. Allerdings brauchen sie bis zu fünf Jahre, um sich wieder aufzubauen. Auf keinen Fall sollten Sie vor oder ein Jahr nach dem Schnitt umpflanzen.

Oben: *Durch das Mulchen mit Torf bleibt der Boden sauer, trocknet nicht aus, und es kann auch kein Unkraut keimen. Ersatzweise wählen Sie groben Kompost aus Eichenlaub.*

Pflege übers Jahr

Immergrüne sind pflegeleicht. Aber damit Sie über die Jahre viel Freude an ihnen haben, sollten Sie Ihren Pflanzen ein Minimum an Pflege gönnen. Mit ausreichend Wasser, etwas Dünger und einem gelegentlichen Schnitt (→ Seite 86/87) sind die meisten Immergrünen bereits bestens versorgt.

Immergrüne für sonnige Standorte wie Kiefer und Wacholder sind meist recht anspruchslos, was die Wassergaben betreffen. Eiben- oder Lebensbaumhecken freuen sich dagegen in trockenen August- und Septembermonaten und vor dem Winter über erfrischendes Nass. Am besten legen Sie einen Tropfschlauch an den Heckenfuß und lassen ihn über Nacht laufen, denn schließlich muss die Feuchte bis in 30–40 cm Tiefe bis zu den Wurzeln gelangen.

Schattenliebende Immergrüne – gerade Stauden und Farne – brauchen mehr Wasser: Im April und Mai zur Zeit des Austriebs sowie im Hochsommer sollten Sie bei Trockenheit beregnen oder partiell mit der Gießkanne aushelfen. Im Allgemeinen brauchen Koniferen und immergrüne Laubgehölze keine jährliche Düngung. Reifer Kompost – etwa ein Eimer pro Quadratmeter – verhilft frisch Gepflanztem zu einem guten Start. Anfangs noch lichte Bodendecker verdichten sich mit einer Gabe Volldünger wie Blaukorn. Bei Solitären und Hecken ist ein schwächeres Wachstum nach Jahren meist gewünscht, denn es spart einiges an Schnittarbeit.

Volle Sonne bitte!

Viele Immergrüne möchten über das Jahr volle Sonne genießen – besonders Wacholder, Lebensbaum und bodendeckende Stauden gehören dazu. Attraktiv lassen sie sich mit sommergrünen Arten kombinieren, was allerdings die Gefahr der Beschattung in sich birgt. Wenn sich schnell wachsender Hartriegel gegen die Thujahecke lehnt oder der Frauenmantel auf dem Teppichwacholder lagert, sollten Sie schnell mit der Schere im Mai und Ende Juli für Luft sorgen, damit der Schattenwurf nicht zu braunen Stellen führt. Das Gleiche gilt für große Mengen an Falllaub, die sich auf den Bodendecken sammeln. Entfernen Sie das Laub im Herbst alle zwei Wochen.

Auf die Spitzen achten

Bei Fichten und Tannen gehört ein gerader Stamm bis zur Spitze zur schönen Optik. Leider bleibt dieser Spitzentrieb in manchen Frühjahren stecken, krümmt sich, weil eine Made darin

Unten: Empfindliche Immergrüne im Topf schützen Sie mit einem Vlies vor der Wintersonne. Den Topf packen Sie z. B. mit einer Kokosmatte ein.

frisst, oder bricht unter einem größeren Vogel ab. Binden Sie dann einen Bambusstab unterhalb der Stelle fest und fixieren Sie daran einen der Seitentriebe. Im neuen Jahr treibt er stärker aus und übernimmt die leitende Rolle. Bei Lebensbäumen und Scheinzypressen als Hecke oder Solitärgehölz passiert es leicht, dass mehrere Spitzen nach oben wachsen. Das kann dazu führen, dass sie beim nächsten schweren Nassschnee auseinanderfallen. Entscheiden Sie sich für den stärksten Trieb und kappen Sie die anderen.

Fichten, Tannen und Kiefern werden für kleine Gärten manchmal zu groß, wenn Sie die falsche Sorte gewählt haben. Sie brauchen sich aber nicht gleich von der Pflanze zu trennen: Warten Sie im Frühjahr genau den Termin ab, wenn sich der Haupttrieb in seiner Länge fast entfaltet hat. Ganz leicht lässt er sich zwischen Daumen und Zeigefinger abbrechen. Auch größere Seitentriebe entfernen Sie auf diese Weise. Gleich darauf verheilt die Wunde, und es werden neue Knospen für den Austrieb im nächsten Jahr angelegt. So bleibt die Pflanze kompakt. Bei Bedarf wiederholen Sie das Prozedere im nächsten Jahr, mindestens aber alle zwei Jahre.

Wenn der Winter naht

Schnee kann für immergrüne Gehölze zum Problem werden. Damit Koniferen nicht ihre Form verlieren oder Zweige abbrechen, schütteln Sie in wärmeren Regionen ein Zuviel der weißen Pracht einfach mit einem weichen Besen von den Zweigen. In Regionen mit viel

Schnee binden Sie vor jedem Winter solitäre Koniferen wie Wacholder und Lebensbaum auf drei verschiedenen Höhen mit Jutestricken zusammen. In kalten Regionen ist es besonders für Jungpflanzen ratsam, um den Stamm herum etwa 15 cm Laub oder Gartenkompost anzuhäufeln, um die Pflanze vor der Kälte zu schützen. Die herausschauenden Triebe können Sie zusätzlich mit Tannenreisig abdecken. Besonders Aukube und Kamelie sind für diesen Schutz dankbar.

Höhere frostempfindliche Pflanzen (z. B. große Kamelien bis 1,5 m) oder Bambus in den ersten Standjahren schützen Sie mit einem licht- und luftdurchlässigen Gartenvlies (Baumarkt), das Sie um die Pflanze winden und mit einer Schnur locker festbinden. Ein Vlies schützt auch frostempfindliche Topfpflanzen. In kalten Gegenden den Topf mit einer Isoliermatte umwickeln.

Links: *Gießen Sie auch während des Winters ihre immergrünen Kübelpflanzen an frostfreien Tagen, sie vertrocknen sonst. Der Regen reicht nicht aus.*

Rechts: *Dicke Schneepolster sollten Sie vorsichtig abschütteln – besonders Koniferenzweige biegen sich leicht unter der Last, so verlieren die Pflanzen auf Dauer ihre ausgewogene Form.*

Rechts: Heckenscheren mit Gummi-puffern schonen die Gelenke. Schneiden Sie stets an bedeckten Tagen, damit nun freiliegende Blätter keinen Sonnen-brand bekommen.

Unten: Wichtig für die gerade Kante: eine straff gespannte Schnur zwischen Holz-pflöcken, um Seitenwände und die Oberkante der Buchsbaumhecke perfekt in Form zu bringen.

Das Einmaleins des Schnitts

Der Erfolg des Schneidens steht und fällt mit gutem Werkzeug. Zum Grund-repertoire gehört eine scharfe Garten-schere (bis zu einer Astdicke von 4 cm) oder Rosenschere (bis 1,5 cm) für alle Gehölze. Mit der Handheckenschere mit Wellenschliff verrutschen die Zweige beim Schneiden nicht so schnell – das ist vor allem bei Topiaris, Säulen und kleinen Hecken von Vorteil. Für größere Hecken nehmen Sie die Elektroheckens-chere mit max. 40 cm Schwertlänge, bei längeren Messern schneiden Sie sonst allzu schnell Löcher in die Hecke. Befes-tigen Sie das Elektrokabel am Gürtel, damit Sie es nicht aus Versehen durch-trennen. Wegen der elektrischen Span-nung ist ein Arbeiten bei Morgentau oder Regen zu gefährlich.

So gelingt der Heckenschnitt

Schneiden Sie die Hecken gleich bei der Pflanzung, damit sie blickdicht bleiben und auf kleinen Grundstücken nicht zu viel Platz wegnehmen. Beim Liguster kürzen Sie aufrechte Triebe um ein

Unten: *Holzlatten ergeben praktische Führungsschienen, besonders um eine Hecke erstmalig in eine strenge Form zu trimmen. Zur Ausrichtung dienen Pflöcke und Schraubzwingen.*

Drittel. Lebensbaum und Eibe kürzen Sie nur an den Seitenästen zu einem Drittel. Die Spitzen vom Lebensbaum schneiden Sie erst zurück, wenn sie die endgültige Höhe erreicht haben. Für einen geraden Heckenschnitt bauen Sie zwei trapezförmige Rahmen aus schmalen Holzbrettern oder Dachlatten. Bei einer Hecke von 2 m Höhe sind die Rahmen unten etwa 60 cm breit, oben etwa 40 cm. Rammen Sie sie jeweils an den Heckenenden etwas in den Boden und verbinden Sie die vier Ecken mit Mauerschnüren. So erhalten Sie eine gute Führung für den Schnitt. Die Hecke sollte unten mit den Jahren doppelt so breit sein wie oben. Durch den trapezförmigen Aufbau fällt genügend Licht an den Heckenfuß, sodass die Hecke auch unten blickdicht bleibt.

Solitäre schneiden

Bei solitären Koniferen wie Lebensbaum- und Scheinzypressenformen schneiden Sie frisch gepflanzte Exemplare mit der Handheckenschere leicht an den Seiten, damit sie besser einwurzeln und dichter wachsen. Die Spitze bleibt in jedem Fall ungeschnitten. Aus pyramidalem Wacholder können Sie schöne schmale Säulen schneiden. Fichte, Tanne und Kiefer vertragen keinen Schnitt. Für einen dichteren Wuchs brechen Sie im Frühjahr die frisch entwickelten Spitzen zur Hälfte ab. Sträucher wie Kirschlorbeer und Schneeball bringen Sie mit der Gartenschere in Form. Eine Heckenschere würde die großen Blätter zerschneiden, mit braunen Rändern als Folge. Schneiden Sie nur leicht die Spitzen für einen dichteren Habitus. Lange einjährige Triebe, die aus der Stammbasis kom-

men, kürzen Sie unterschiedlich hoch – um die Hälfte oder zwei Drittel –, damit sich die Gehölze schon unten verzweigen und dicht wachsen.

Bodendecker rechtzeitig kürzen

Mattenbildende Koniferen wie Wacholder kürzen Sie bei der Pflanzung zur Hälfte ein, damit sich die Fläche schnell schließt. Ansonsten unterbleibt ein Schnitt. Haben die Triebe die gewünschte Größe erreicht, sollten Sie sie rechtzeitig mit der Heckenschere kürzen. Schneiden Sie die Matten zu spät um mehr als 30 cm zurück, bleiben die unteren Bereiche kahl. Immergrüne bodendeckende Laubgehölze wie Kletternder Spindelstrauch und Teppich-Zwergmispel hingegen lassen sich gut in Höhe und Breite schneiden, denn die ältere Seitenbezweigung treibt willig wieder aus.

Praxis-Tipps

Beim Schnitt ist der richtige Zeitpunkt wichtig: Eibe und Buchsbaum kürzen Sie am besten im März/April, Formhecken noch mal Ende August. Kiefernhecken formieren Sie schon von klein im Mai/Juni. Lebensbaum und Scheinzypressen können Sie von März bis Juni schneiden. Kirschlorbeer und Mahonien trimmen Sie nach der Blütezeit im Mai/Juni, Strauchmispel, z. B. die Sorte 'Red Robin', des roten Austriebs wegen Ende Juni.

Echte Handarbeit: Topiari schneiden

Topiaris, also Formschnittgehölze, sind nicht nur etwas für fortgeschrittene Gartenfans. Auch Einsteiger können sich an einfache geometrische Formen wie Kugeln und Pyramiden wagen. Als Gerätschaften kommen Gartenscheren, Schafscheren und Handheckenscheren zum Einsatz. Auf Motorheckenscheren verzichten Sie besser – zu leicht geht dabei die gute Form verloren, weil man schnell zu viel abschneidet. Bei allen Schnittmaßnahmen ist es ohnehin wichtig, dass Sie nach vier, fünf Schnitten einen Schritt zurückgehen und Ihr Werk betrachten. Nehmen Sie sich Zeit! Die Termine für die Feinarbeit richten sich nach den Heckenschnittzeiten (Kasten auf Seite 87).

Einfache Formen

Für Kugeln aus Buchsbaum oder Japanischer Stechpalme machen Sie sich eine stabile Pappschablone (→ Fotos 1–3). Dann schneiden Sie mit der Handheckenschere grob vor. Danach kommt erst der Feinschnitt: Schneiden Sie nach und nach immer nur wenig und überprüfen Sie mit der Schablone, ob die Form richtig rund wird.

Würfel fertigen Sie aus Eibe oder kleinwüchsigem Liguster. Hier reichen Bambusstäbe und Maurerschnur für eine exakte Form. Säulen aus Eibe oder Stechpalme schneiden Sie einfach nach Augenmaß schmal zurück. Achten Sie darauf, dass es oben nur einen Haupttrieb gibt, überflüssige Spitzen schneiden Sie ganz tief bis auf einen kleinen Seitenzweig ab.

Für eine Pyramide bauen Sie sich ein Gerüst, das die Form vorgibt. Binden Sie dafür vier gleich lange Bambusstäbe etwa im unteren Drittel so mit einer Schnur zusammen, das die Bambusstäbe die Ecken eines Quadrats bilden. Dann binden Sie die Stäbe oben mit einem Gummiband zusammen. Das Gerüst stülpen Sie über die Pflanze und schneiden die Seiten glatt nach.

Hier ist Kreativität gefragt

Bei kleinen Teddybären, Hühnern oder Pfauen aus Eibe bzw. Buchsbaum ist etwas mehr Geschick gefragt. Besser als frei hand geht es mit einer Schablone aus grünem, kunststoffummanteltem Hühnerdraht. Das Geflecht lässt sich gut in Form drücken, den Boden lassen Sie offen, um ihn im Garten über die Pflanze zu stülpen. Noch einfacher ist es, ein fertiges Drahtgeflecht im Fachhandel zu kaufen. Die Pflanze kann ruhig noch klein und die Drahtform sichtbar sein, auch das wirkt schon dekorativ. Schneiden Sie die Triebe jährlich zweimal an den Außenkanten, bis die Form ganz ausgefüllt ist.

Bei hohen Spiralen aus Eibe, Bastard- oder Scheinzypressen gehen Sie anders vor: Suchen Sie sich in der Baumschule eine schlanke Pyramide aus oder schneiden Sie ein Gehölz im Garten über zwei Jahre in eine dichte, schlanke Form. Dann legen Sie ein dickes Seil oder einen flexiblen Gartenschlauch im schönen Schwung um die Konifere. Ent-

1 *Buchsbäume im Topf sehen als akkurate Kugeln dekorativer aus. Messen Sie an mehreren Stellen den Abstand vom Mittelpunkt der Pflanze bis zur Außenseite. Der kürzeste Abstand ergibt den Schablonendurchmesser.*

2 *Ziehen Sie mit Faden und Filzstift im vorher gemessenen Abstand einen Halbkreis auf einen starken Karton. Anschließend schneiden Sie die Form mit einer stabilen Haushaltsschere aus – fertig ist die Schablone.*

3 *Mit der Topfkante als Führung kürzen Sie die Triebe nun entlang der Schablone nach und nach mit der Schafschere. Mit etwas Geduld gelingt die Form perfekt, und die Kugel wird über die kommenden Jahre immer dichter.*

lang dieser Vorgabe schneiden Sie vorsichtig mit der Gartenschere eine leichte Rinne in das Gehölz. Stimmt die Form nach einem letzten prüfenden Blick, schneiden Sie tiefer, um die Spirale endgültig herauszuarbeiten. Es dauert zwei, drei Jahre, bis die Oberfläche dicht ist. Bei zweimal jährlichem Schnitt entsteht so über Jahre und Jahrzehnte ein kleines Gartenwunderwerk.

Raffiniert lassen sich grüne Wände aus Eibe, Liguster oder Kirschlorbeer in Szene setzen: Hier können Sie die Oberkante der Hecke in flache oder dramatisch anmutende, hohe Wellenmuster schneiden. Eine andere Möglichkeit sind kleine Kugeln oder Pyramiden, die als Betonung der Ecken oder in Reihung auf der ganzen Länge auf der Hecke sitzen. Dafür lassen Sie beim Schnitt einen Trieb aus der Mitte der Hecke stehen, binden ihn an einen Bambusstab und kürzen ihn auf etwa 50–60 cm oberhalb der Heckenkante. Mit jedem jährlichen Schnitt wird die Form buschiger, bis die gewünschte Kugel oder Pyramide erreicht ist.

4 *Pyramiden lassen sich leicht in Form schneiden. Hier gibt ein einfaches Bambusgestell die Pyramidenform vor. Treiben Sie vier lange Nägel in den Boden, sie markieren jedes Jahr aufs Neue die richtige Position des Gestells.*

5 *Um Spiralen von Buchs oder Eibe zu schneiden, winden Sie eine dicke Kordel oder einen dünnen Gartenschlauch um die Pflanze und schneiden Sie die Spirale nach. Schmale Kegel eignen sich gut als Ausgangsbasis.*

6 *Tierschablonen für Topiari können Sie im Gartenmarkt fertig kaufen oder aus Hühnerdraht selbst biegen. Schneiden Sie zweimal jährlich entlang des Geflechts. Mit den Jahren füllt der Buchsbaum die Form komplett aus.*

Immergrüne im Porträt

Ob in der Sonne, im Schatten oder unter Bäumen –

immergrüne Pflanzen schmücken alle Standorte.

Viele blühen farbenfroh, und fast alle sind pflegeleicht.

Laubbäume

◁ **Großblättrige Berberitze** *Berberis julianae*

Höhe: *4 m* **Breite:** *5 m*

Dieser Großstrauch lässt sich perfekt zu mehrtriebigen kleinen Bäumen schneiden. Bindet man junge Äste an Bambusstäbe, gewinnen sie schneller an Höhe. Auffallend sind die bis zu 4 cm langen Blattdornen – als Hecke bildet die Pflanze eine wehrhafte Grundstücksgrenze. Die Berberitze wächst auf allen Böden, nimmt sogar eine lebenslange Kübelpflanzung nicht übel und übersteht gut kurze Trockenphasen. Sie ist erstaunlich frosthart. Staunässe mag sie nicht – wie alle in diesem Buch vorgestellten Pflanzen. Hübsch sind die gelben Blütenbüschel im Mai bis Juni und die alten Blätter, die sich im Herbst orangerot färben.

▷ **Weidenblättrige Zwergmispel**

Cotoneaster salicifolius var. *floccosus*

Höhe: *5 m* **Breite:** *4 m*

Durch das tiefe Wurzelsystem übersteht der Großstrauch auch längere sommerliche Trockenzeiten ohne Probleme. Elegant überhängende Zweige und die bis 9 cm langen Blätter passen gut zu strenger, moderner Architektur. Auch als formbestimmender Solitär in der Gartenmitte über einem Sitzplatz denkbar. Im Juni erscheinen stark duftende, weiße Blütenbüschel, die sich zu Massen attraktiver orangeroter Früchte auswachsen. Im Herbst entscheidet der Standort: Im Halbschatten bleiben die Blätter bei tiefen Temperaturen unbeschadet, in der vollen Sonne ist die Färbung in gelben bis roten Tönen intensiver.

◁ **Gewöhnliche Stechpalme 'J. C. van Tol'**

Ilex aquifolium

Höhe: *8 m* **Breite:** *4 m*

Dieser kleine Baum ist frosthart, daher eignet er sich auch gut für große Kübel auf Balkon und Terrasse. Anfangs ist der Wuchs etwas sparrig. Durch Schnitt oder die später schleppenartig hängenden Äste wird er dichter. Spannend sind *Ilex*-Varianten mit weißbunten ('Silver Queen') oder gelb panaschierten ('Rubricaulis Aurea') Blättern. Im Vergleich zum Wildgehölz ist 'J. C. van Tol' fast ohne Stacheln an den Blättern. Die Fülle an hellroten Beeren haftet bis weit in den Winter und ist bei Amsel & Co. sehr beliebt. Schneiden Sie ein wenig von der Pracht für die Vase oder als Türkranz.

◁ Immergrüne Magnolie
Magnolia grandiflora

Höhe: *10 m* **Breite:** *7 m*

Riesige porzellanweiße Blüten mit verführerischem Jasminduft sind das Markenzeichen. Die Pflanzen haben ihren Preis, doch an der Küste Norddeutschlands oder im Weinbauklima sollten Sie es unbedingt ausprobieren. Die großen Blätter erinnern an tropische Gummibäume, der Flor mit über 25 cm Durchmesser versetzt selbst Gartenprofis in Erstaunen. Die anfänglich pyramidale Krone wird später breiter und wirft einen tiefen Schatten. Je älter die Pflanzen werden, desto tiefere Temperaturen vertragen sie. Als besonders robust gilt die Sorte 'Treyvei'. Der Boden sollte frisch und sauer bis neutral sein. Wählen Sie einen vollsonnigen bis halbschattigen Standort und pflanzen Sie ab Ende April. Wichtig ist ein Schutz vor starkem Wind und Wintersonne, besonders in den ersten Jahren.

▷ Spanische Eiche 'Pseudoturneri'
Quercus × hispanica

Höhe: *7 m* **Breite:** *5 m*

Der kleine Baum ist bei uns noch ein Geheimtipp! Erst wächst er buschig und aufrecht, im Alter wird die Krone offener und breiter. Der Kronenansatz ist oft niedrig. Beim Einsatz als Hausbaum oder als Schattenspender über einem Sitzplatz wählen Sie ein Exemplar mit guter Stammverlängerung und schneiden Sie die Äste in den unteren 2 m gleich bei der Pflanzung auf ein Drittel zurück. Zwei Jahre später entfernen Sie sie ganz. Die zierenden Blätter bleiben bis zum Frühjahrstrieb am Baum. Wichtig ist ein vor Wind und Wintersonne geschützter Standort. Der Gast aus dem südlichen Europa ist sehr anspruchslos, was die Bodenverhältnisse anbelangt.

Große Nadelbäume

▷ Nordmanns-Tanne *Abies nordmanniana*

Höhe: *20 m* **Breite:** *7 m*

Der Weihnachtsbaum par excellence wächst in den ersten zehn Jahren recht langsam, startet dann aber mit ca. 50 cm jährlichem Längenwachstum durch. Bei der Pflanzung in Südlage oder im Halbschatten also genügend Platz einplanen. Schön wirkt er als Solitär im Hintergrund, denn auch die untersten Äste bleiben im Alter dicht benadelt. Wächst an jedem tiefgründigen Standort. Von größeren Exemplaren lässt sich im Dezember hübsches Grün für Gestecke schneiden. Dafür Äste mit max. 20 cm Länge bis kurz vor die nächste Astgabelung schneiden, dadurch wächst der Baum kompakter. Mit 'Pendula' gibt es eine schöne Hängeform.

◁ Spanische Tanne 'Kelleris' *Abies pinsapo*

Höhe: *12 m* **Breite:** *6 m*

Diese Konifere eignet sich an vollsonnigen Plätzen gut als bestimmendes Einzelstück, z. B. entlang der Grundstücksgrenze. Kombiniert mit hellgrünen Thuja 'Smaragd' oder Eibe 'Hicksii' kommt die schöne blaue Farbe bestens zur Geltung. Auch die Wuchsform ist auffällig, da die starren Nadeln zu allen Seiten von den Zweigen abstehen. In jungen Jahren sollten Sie evtl. den Spitzentrieb anbinden, damit der Baum mit einem geraden Stamm wächst. Die noch weichen Seitentriebe im Juni entspitzen, um einen dichteren Wuchs zu fördern.

▷ Chilenische Araukarie *Araucaria araucana*

Höhe: *10 m* **Breite:** *6 m*

Durch ihren bizarren Wuchs fällt diese Besonderheit sofort ins Auge. Pflanzen Sie sie als Solitär im Vorgarten oder binden Sie Kirschlorbeer 'Otto Luyken' und Mahonie 'Wintersun' an der Grundstücksgrenze dekorativ mit ein. Die lederartigen, sehr stacheligen Blätter umschließen die Triebe schraubig. Ein vollsonniger Standort ist notwendig. Kaufen Sie unbedingt im Frühjahr eine mehrjährige Pflanze und prüfen Sie noch in der Baumschule den Wurzelballen auf Festigkeit. In den ersten drei Wintern nach der Pflanzung bietet sich von November bis April ein Sonnenschutz aus Schattierleinen (Baumschule) an.

▷ Himalaya-Zeder *Cedrus deodara*

Höhe: *12 m* **Breite:** *6 m*

Dieser dekorative Baum mit seinen weichen, blaugrünen Nadeln wächst relativ rasch und eignet sich gut für sehr helle, aber absonnige Bereiche, die z. B. gerade noch im Schatten einer Hauswand liegen. Das schützt vor Wind und Wintersonne aus Südwest. Der durchgehende Spitzentrieb sorgt für Höhe, die leicht überhängenden Seitenäste vermitteln den eleganten Eindruck eines Wasserfalls. In kalten Gegenden bewährt sich die frosthärtere Sorte 'Karl Fuchs'. Die gelbe Spielart 'Golden Horizon' bleibt um einiges kleiner. Die Himalaja-Zeder bevorzugt frische, saure Böden. Ist die Erde zu kalkhaltig, verlieren die Nadeln wie bei Araukarie, Hemlocktanne und Nordmannstanne durch Chlorose ihren grünen Ton und werden gelblich. Robuster ist die Atlas-Zeder 'Glauca' *(Cedrus atlantica)*, die im Alter jedoch wesentlich größer wird.

◁ Kanadische Hemlocktanne *Tsuga canadensis*

Höhe: *14 m* **Breite:** *6 m*

Ein wunderbares Gehölz für dunkle Innenhöfe und schattige Lagen am Haus – in der Natur wächst sie in kühlen Tälern und Bergschluchten. Hier bildet sie eine elegante offene Wuchsform. Zierend sind die kurzen, dichten und dunkelgrünen Nadeln. *Tsuga canadensis* ist im April oder Ende August gut schnittverträglich. Mit der Heckenschere können Sie große Obelisken, Kugeln oder Quader – bevorzugt auf Stamm – formen, die bei zweimaligem Schnitt und etwas Düngung eine gut geschlossene Oberfläche bilden. Attraktiv sind die eiförmigen, kleinen, hängenden Zapfen an älteren Exemplaren.

▷ Bastardzypresse 'Castlewellan Gold'
   × *Cuprocyparis leylandii*

Höhe: *8 m* **Breite:** *2 m*

Diese gelblaubige Sorte ist glücklicherweise weniger wuchsstark als die normale grüne Bastardzypresse. Um Letztere werden in England bisweilen Prozesse geführt, weil sich die Heckenpflanzen ohne Schnitt zur mehr als 20 m hohen Mauer auswachsen und das Nachbargrundstück völlig beschatten. Die Sorte ist schön als hohe Hecke in der Sonne oder im Halbschatten. Schneiden Sie sie jedes Jahr Ende August in Form. Sie gedeiht auch auf sandigen, trockenen Böden. Ein Verzicht auf Dünger verbessert die Winterhärte. An den Nadeln kann man die Temperatur ablesen – bei Kälte färben sie sich von Goldgelb zu dunklem Bronzegelb.

95

Mittelgroße Nadelbäume

▷ Korea-Tanne 'Silberlocke' *Abies koreana*

Höhe: *3 m* **Breite:** *1 m*

Merkmal dieser Tanne sind die nach oben gedrehten Nadeln – dadurch wird die weißsilberne Unterseite besonders an den Zweigenden sichtbar. Ihr Wuchs ist sehr regelmäßig mit etagenförmigem, pyramidalem Aufbau. Sie kommt mit einem sonnigen bis halbschattigen Standort zurecht, liebt aber eine genügend hohe Bodenfeuchte. Durch die Veredelung zeigen sich schon früh schmucke blaue Zapfen. Dadurch können auch Laien die großen Koniferengattungen gut auseinanderhalten: Tannenzapfen sitzen auf den Ästen, bei Fichten hängen sie herab.

◁ Lawsons Scheinzypresse 'Yvonne'
Chamaecyparis lawsoniana

Höhe: *5 m* **Breite:** *2 m*

Diese kleine, kegelförmige Sorte gilt als beste gelbe Form, sie ist wüchsig und sehr robust. Auch im Winter büßt sie die rein- bis goldgelbe Färbung nicht ein. Halbschattige Lagen sind möglich, jedoch wechselt der Gelbton dann eher in ein fahles Grün. Sie honoriert jeden guten Gartenboden, solange er über genügend Feuchtigkeit verfügt. Durch den aufrechten Wuchs eignet sie sich für Hecken. Wichtig ist, dass Sie schon junge Koniferen nach der Pflanzung schneiden, damit die Form schmal bleibt.

▷ Chinesischer Wacholder 'Blue Alps'
Juniperus chinensis

Höhe: *3 m* **Breite:** *1,5 m*

Das attraktive Äußere der Pflanze zeigt sich an der blauen Benadelung und der buschig aufrechten Strauchform. Unterseits leuchten die Nadeln silbrig. Wacholder sollten stets in der prallen Sonne wachsen, unter Bäumen oder im Hausschatten kümmern sie. Ideal als Hingucker im Heidegarten, aber auch mit Rosen, Gräsern und Sonne liebenden Stauden können sie gut zu moderner Architektur inszeniert werden. Andere bekannte Sorten sind: 'Plumosa Aurea', breitbuschig und mit gelben Nadeln, oder die winterharte 'Skyrocket' mit schmalem Wuchs.

◁ Virginischer Wacholder
'Canaertii'
Juniperus virginiana

Höhe: *6 m* **Breite:** *2 m*

Als großen Solitär in voller Sonne sollten Sie diesen anspruchslosen Wacholder einplanen. Er wächst in jeder Gartenerde und übersteht auf armen Sandböden auch sommerliche Trockenperioden. Das macht ihn für heiße Stadtgärten und Grundstücke auf Sand oder Kies besonders geeignet. Einen Schnitt verträgt er sehr gut – allerdings nur im jungen Holz. Kommen Sie mit der Heckenschere an nadellose alte Triebe im Inneren der Pflanze, bleiben diese dauerhaft kahl. Nähern Sie sich daher dem Ergebnis von außen her und arbeiten Sie sich lagenweise von oben nach unten. Spannend ist die Sorte 'Glauca' mit blauer Benadelung – auch sie lässt sich als Baum ziehen, wenn Sie die unteren Äste ganz entfernen. 'Grey Owl' wächst dagegen mit graugrünen Nadeln als Großstrauch.

▷ Mähnen-Fichte *Picea breweriana*

Höhe: *7 m* **Breite:** *5 m*

Eine der schönsten Fichten, die sich gut für den Einzelstand in großen Hausgärten eignet. Halbschatten oder Schatten unter Bäumen toleriert sie nicht. Typisch sind der breitpyramidale Aufbau und die regelmäßig verteilten, ganz waagerecht gestellten Hauptäste. Die Seitenbezweigung hängt davon wundervoll mähnenartig herab – daher der Name. In den ersten Jahren wächst sie sehr langsam, evtl. sollten Sie den Mitteltrieb stäben. Die Mähnen-Fichte verträgt jeden Boden, solange er genügend feucht ist. Nach milden Wintern ist eine Kontrolle im Februar auf Baumläuse sinnvoll. Jeder unnötige Schnitt würde dem Habitus der Pflanze schaden.

Mittelgroße Nadelbäume

▷ **Orientalische Fichte 'Aurea'** *Picea orientalis*

Höhe: *8 m* **Breite:** *3,5 m*

Die schwefelgelben Zweigspitzen sind für die Zeit des Austriebs und einige Wochen danach das weithin auffällige Markenzeichen. Der Baum hat einen durchgehenden Stamm und eine kegelförmige Krone, die locker unregelmäßig aufgebaut ist. Der langsame Wuchs macht diese Züchtung für unsere Gärten wertvoll, auch städtisches Klima toleriert der Baum gut. Interessant ist die hohe Schattenverträglichkeit, die für Fichten ungewöhnlich ist. Die Orientalische Fichte stellt keine besonderen Ansprüche an den Boden.

◁ **Mädchen-Kiefer 'Negishi'** *Pinus parviflora*

Höhe: *5 m* **Breite:** *4 m*

Der kleine Baum wächst anfangs dichtkompakt und kegelförmig, bekommt später dann einen sehr zierenden unregelmäßigen Aufbau. Insgesamt wächst er langsam und eignet sich daher gut für kleine Gärten. Ein vollsonniger Standort mit hoher Bodenfeuchte ist wichtig. Die Besonderheit dieser Sorte sind die blaugrauen, sehr zierenden Nadeln. Sie sind besonders an den Zweigenden pinselförmig zusammengefasst und stark gedreht. Früh entstehen die lange haftenden Zapfen. Ein Schnitt ist hier nicht nötig. Tipp: Im August werden schlagartig die alten Nadeln braun – kräftiges Schütteln lässt die Bäume wieder frisch aussehen.

▷ **Tränen-Kiefer 'Densa Hill'** *Pinus wallichiana*

Höhe: *7 m* **Breite:** *2 m*

Die Schönheit aus dem Himalaya wächst recht langsam und behält ihren dicht verzweigten Habitus. Die Krone ist schmal aufrecht – dadurch eignet sich der Baum in Reihe gepflanzt auch als Sichtschutz bei höheren Nachbargebäuden. Hauptzierde sind die weichen, bis 10 cm langen Nadeln. Die großen, hängenden Zapfen lassen sich golden angesprüht hübsch als Schmuck für den Christbaum verwenden. Braucht einen freien Platz in voller Sonne, kommt auch mit einem trockenen Standort zurecht. Wichtig: Schneelasten im Winter frühzeitig mit einem weichen Besen aus den Bäumen schütteln.

▷ Japanische Schirmtanne *Sciadopitys verticillata*

Höhe: *6 m* **Breite:** *2 m*

Ihr exotisches Äußeres macht sie zum Hingucker in Schattengärten und absonnigen Ecken. Die breiten und dicken Nadeln sind am Triebende auffällig zu einem speichenartigen Quirl zusammengefasst. Der kleine Baum wächst stets säulenförmig und vor allem langsam – daher haben schon junge Pflanzen einen hohen Preis. Nicht schnittverträglich. Wichtig sind ein luft- und bodenfeuchter Standort mit wenig Kalk. Daher ist es wichtig, vor der Pflanzung Torf oder Eichenlaub in den Boden einzuarbeiten.

◁ Gewöhnliche Eibe 'Semperaurea'
Taxus baccata

Höhe: *5 m* **Breite:** *4 m*

Imposanter Großstrauch, der keine ausgeprägte Spitze bildet. Auffallend sind die goldgelben Nadeln, die sich an sonnigen Standorten besonders intensiv färben. Schön wirkt die Form in Verbindung mit dunklen Koniferen – setzen Sie diese Lichtblicke aber nur sparsam ein. Kleiner bleibt 'Summergold' – beide lassen sich gut mit der Heckenschere zu Kugeln oder anderen geometrischen Formen schneiden. Für größere Gärten bietet sich die grüne Form an, sie wächst schneller. Eiben lieben frische bis feuchte, kalkhaltige Böden. Auf stark sommertrockene Böden reagieren sie mit Kümmerwuchs. Vorsicht bei Kindern im Garten: Samen und Nadeln sind giftig.

▷ Südlicher Hibalebensbaum 'Variegata' *Thujopsis dolobrata*

Höhe: *4 m* **Breite:** *2 m*

Gartenfreunde erkennen die Schönheit aus japanischen Bergwäldern gleich als Besonderheit. Die Blätter sind viel größer als beim normalen Lebensbaum, und diese Sorte hat zudem gelblich weiße Triebpartien. Der große Strauch ist bis zum Boden beastet, wächst langsam und ist gut schnittverträglich – daher lässt er sich gut als Hingucker im Schatten vor größeren Kiefern oder Fichten einsetzen. Besonders schön auch in Kombination mit Japanischer Schirmtanne. In der Natur wächst der Hibalebensbaum im Unterholz feucht-kühler Gebirgswälder – der Standort im Garten sollte daher nicht zu trocken sein. Die Zweige bilden tollen winterlichen Vasenschmuck.

Kleine Nadelbäume und Bodendecker

▷ Feuer-Scheinzypresse 'Nana Gracilis' *Chamaecyparis obtusa*

Höhe: *1,5 m* **Breite:** *1 m*

Die muschelförmig gedrehten Zweige machen den besonderen Reiz
dieser Konifere aus. Sie wächst sehr langsam, ist daher für Kübel,
kleine Vorgärten oder die Grabbepflanzung beliebt. Bemerkenswert
ist ihre Schattenverträglichkeit. In Kombination mit Heide und niedrigen Gräsern ergeben sich schöne Gartenbilder. Gedeiht in jeder lockeren Erde. Gut sind Kompost und Torf in der obersten Bodenschicht.
Ein Schnitt entfällt, lediglich ein paar Triebspitzen dürfen für Kränze
und Gestecke herhalten. Mit der Silber-Zypresse 'Boulevard' *(Chamaecyparis pisifera)* und der Sorte 'Nana' gibt es weitere Koniferen-
zwerge zur Auswahl.

◁ Schuppen-Wacholder 'Blue Star'
Juniperus squamata

Höhe: *0,4 m* **Breite:** *1 m*

Wenn der Garten ein wenig Farbe braucht, ist dieser
Zwergstrauch mit seinen silberblauen Nadeln ideal.
Er baut sich langsam zu einer kompakten flachen
Kuppel auf – prima als Solitär, Dreiergruppe oder für
die Kübelbepflanzung. Wegen seiner Frosthärte lässt
er sich auch auf Dachgärten einsetzen. Er bevorzugt
freie sonnige Plätze, trockene arme Sandböden sind
kein Problem. Er belebt Heide- und Steingärten
sowie modern gestaltete Kiesflächen. Falllaub im
Herbst sorgfältig entfernen. Der Bruder 'Blue Carpet'
wächst schnell zur flachen, dichten Bodendecke.

▷ Japanischer Kriech-Wacholder 'Nana'
Juniperus procumbens

Höhe: *0,3 m* **Breite:** *0,6 m*

Perfekte blaugrüne Matten bildet diese Sorte. Am Eingang, an Mauern
und Stufen oder im Kübel sehen die kleinen Koniferen toll aus. Beim
Herunterwachsen schmiegen sie sich sogar an Stein und Topf an.
Wächst in der Sonne auf allen Böden, verträgt Hitze und Trockenheit.
Wegen der guten Frosthärte auch bestens für Dachgärten und Hoch-
hausbalkone geeignet. Schön in Heidelandschaften oder auf puristi-
schen Kiesflächen. Falls nötig, nur in den Spitzen schneiden, das alte
Holz bleibt kahl und ohne Neuaustrieb. Wie viele andere Koniferen-
zwerge sehr ansprechend, wenn auf ein Stämmchen veredelt.

▷ Zuckerhut-Fichte 'Conica'
Picea glauca

Höhe: *1,5 m* **Breite:** *0,8 m*

Diese Fichte trägt ihren Namen zu Recht: Dicht und regelmäßig formen die Nadeln einen Zuckerhut nach. Das passiert von allein, einen Schnitt verträgt sie nicht. Die langsam wachsende Fichte macht auch im großen Topf viel her – edel wirken drei gleich große Exemplare in einer Reihe. Sie passen gut zur Begrünung moderner Architektur. Die Lage sollte sonnig oder halbschattig sein. Wichtig ist eine hohe Luftfeuchte, sonst kommt es an heißen Standorten im Sommer zum Befall mit Spinnmilben, der sich in Form von braunen Partien zeigt. Ein Spritzmittel auf Neem-Basis aus dem Gartenmarkt hilft effektiv. Ein leicht feuchter Boden und häufiges Übersprühen sind gut als Vorsorge. Tipp: Die frostharten Koniferen lassen sich prima mit Girlanden und Kugeln als weihnachtlichen Gruß vor die Tür stellen. Schmaler wächst die Sorte 'Blue Wonder', 'Alberta Globe' wird kugelrund.

◁ Serbische Fichte 'Nana' *Picea omorika*

Höhe: *2 m* **Breite:** *1,5 m*

Langsam wächst diese Sorte zur perfekten Mini-Fichte. Durch die teils sichtbaren silbrigen Nadelunterseiten entsteht die lebhafte Färbung. Später im Alter wird der Wuchs breiter und lockerer. Sie eignet sich gut als Solitär für den Vorgarten, für kleine Heckenzimmer oder große Pflanzgefäße auf der Dachterrasse. Plätze mit Sonne sind wichtig, der lockere Boden sollte stets leicht feucht sein, dann verträgt diese Fichte auch windexponierte Lagen gut. Durch die dichte Bezweigung nisten besonders gern Vögel wie der Zaunkönig in größeren Exemplaren. Die große Serbische Fichte hat eine schlanke Wuchsform und wird über die Jahre bis zu 30 m hoch. Sie wurde in den 1970er-Jahren gern als Sichtschutz gepflanzt, der aber schnell zu groß wurde und die Sonne nahm. Als hohe Hecke geschnitten hat sie auch heute noch ihre Berechtigung.

Kleine Nadelbäume und Bodendecker

▷ Abendländischer Lebensbaum 'Teddy' *Thuja occidentalis*

Höhe: *0,6 m* **Breite:** *0,6 m*

Ganz weich sind die Nadeln dieser Sorte, sie laden bei jedem Gang durch den Garten zum Streicheln ein. Sie bleibt von allein kugelrund, bei Bedarf können Sie aber mit der Schere nachhelfen. Positiv sind der langsame Wuchs und die hohe Frosthärte. Die Kugeln machen sich gut zu mehreren im Topf vor der Haustür oder auf dem Balkon. Auch als Buchsersatz, wenngleich sich die Sorten der Japanischen Stechpalme durch ihren starren Wuchs gerade in schneereichen Gebieten besser eignen. Als Standort wählen Sie die volle Sonne oder den Halbschatten. Andere runde Sorten sind 'Tiny Tim' und die flach-kugelige 'Danica'.

◁ Berg-Kiefer 'Carsten's Wintergold'
Pinus mugo

Höhe: *1 m* **Breite:** *4 m*

Ende September startet diese Sorte ihr Feuerwerk: Die bis dahin mittelgrünen Nadeln färben sich einzig-artig goldgelb und leuchten bis zum nächsten Früh-ling durch den Garten. Daher sollten Sie die Pflanze als Solitär mit Wacholder oder klein bleibenden Fich-ten kombinieren. Wirkungsvoll auch als Pendant zur gelben Eibe 'Semperaurea'. Soll die Kiefer kompakt bleiben, kürzen Sie jährlich den neuen Austrieb um die Hälfte ein. Andere Sorten mit grünen Nadeln sind die zierliche 'Mops' und 'Humpy', die sich als Mini-form bestens zur Bepflanzung kleiner Tröge eignen.

▷ Gewöhnliche Eibe 'Repandens' *Taxus baccata*

Höhe: *0,6 m* **Breite:** *3 m*

Unter hohen Sträuchern und Bäumen gibt es kaum einen besseren Bodendecker, der auch als Solist im Heidegar-ten oder in einer gemischten Rabatte gut aussieht. Die Pflanze verträgt sowohl volle Sonne als auch tiefen Schat-ten. Wurzeldruck und Tropfenfall unter Gehölzen lassen sie unbeeindruckt. Nachdem sie ihre Endgröße erreicht hat, können Sie sie problemlos trimmen oder in Form bringen. Auch flache Topiari-Figuren sind gut möglich, da sie kräftig wieder ausschlägt. In den ersten drei Jahren die Triebe kürzen, damit der Habitus buschiger wird.

▷ Japanische Eibe 'Nana' *Taxus cuspidata*

Höhe: *1,5 m* **Breite:** *2,5 m*

Die Zwergform der Japanischen Eibe punktet mit ihrem langsamen und unregelmäßigen Wuchs. Sie gedeiht in der Sonne und im Schatten, ist frosthart und stadtklimafest. Daher lässt sie sich gut im Topf oder Trog kultivieren. Im Beet wirkt sie gut als bizarrer Solitär zwischen einer Bodendecke aus Kies, grobem Splitt oder Findlingssteinen. Auch dichte Staudenoberflächen wie Sündermanns Silberwurz, Teppich-Golderdbeere oder Herzblättrige Schaumblüte funktionieren prima. Auffallend sind ihre Nadeln, die kurz und dicht um den Trieb herum wachsen. Sie verträgt einen Schnitt sehr gut und lässt sich hervorragend zu dichten, ansprechenden Bonsais formen. Dafür eignen sich ältere, schlecht ernährte Pflanzen am besten – sie bringen mit etwas Glück schon die beabsichtigte skurrile Wuchsform mit sich. Fragen Sie in der Baumschule ruhig nach dem „Krankenquartier".

◁ Schlangenhaut-Kiefer 'Compact Gem' *Pinus heldreichii*

Höhe: *3 m* **Breite:** *2 m*

Diese Kiefer eignet sich für ganz widrige Standorte: Trockenheit, pralle Sonne, Frost und starker Wind machen ihr nichts aus. Außerdem bleibt sie gedrungen, wächst pyramidal aufrecht und kommt ganz ohne Schnitt aus. Wer sie als Miniform in kleinen Töpfen halten will, kann in den ersten Jahren jeweils im Mai die frischen Triebe zur Hälfte abbrechen. Sonst ist sie prädestiniert für große Kübel auf Hochhausbalkonen oder für trockene Beete an der Südfassade des Hauses. Spannend ist die Kombination mit schlichtem Gräseruntergrund oder zwischen niedrigen Polsterstauden als moderne, reduzierte Form der Gestaltung. Die ältere Rinde ist wie eine Schlangenhaut gemustert – daher der Name Schlangenhaut-Kiefer. Die normale Art wird bis 8 m hoch und eignet sich als Hausbaum oder Solitär im Heidegarten. Wichtig: Bei der Pflanzung im August die unteren Ringwurzeln im Container mit der Gartenschere durchtrennen.

Hohe Hecken

▷ Stechpalme 'Heckenstar' *Ilex × meserveae*

Höhe: *3 m* **Breite:** *3 m*

Die neue Generation der Hecken-Stechpalmen überrascht mit ganz kompaktem Habitus und richtig guter Frosthärte. Braune Blattspitzen nach einem harten Winter sind passé. Keine Sorge: Verstärkter Blattfall nach der Neupflanzung ist normal. Die Sträucher lassen sich sehr gut zu einer akkuraten frischgrünen Wand schneiden. Stellt kaum Ansprüche an den Boden, mag jedoch genügend feuchte Standorte. Wächst in voller Sonne wie auch im Schatten. Bei der Pflanzung unter flach wurzelnden Laubbäumen wie Birken oder Linden sind Wassergaben in den Sommermonaten von Vorteil. Diese männliche Sorte setzt keine Beeren an.

◁ Glanzmispel 'Red Robin'
Photinia fraseri

Höhe: *3 m* **Breite:** *3 m*

Der Laubaustrieb dieses Shootingstars unter den Immergrünen ist leuchtend rot. Von Mai bis Juni erscheinen dann weiße Blütenrispen. Der Strauch ist in höheren Lagen frostempfindlich. In wintermilden Regionen bildet er schöne hohe Hecken. Trockene sandige Standorte bereiten gut auf kalte Winter vor. Charmant wirkt er auch in Stämmchenform im Kübel auf der Terrasse – dann sollten Sie ihn aber über den Winter im Gartenboden eingraben. Ein Schnitt Ende Juni sorgt für einen kompakteren Wuchs. Dann zeigt sich der zierende rote Austrieb beim neuen Zuwachs noch ein zweites Mal.

▷ Kirschlorbeer 'Herbergii' *Prunus laurocerasus*

Höhe: *3 m* **Breite:** *2 m*

Für immergrüne Hecken ist diese Sorte nach wie vor bestens geeignet. Oft wird die großblättrige 'Rotundifolia' angeboten, weil sie schneller wächst. Aber in kalten Wintern friert sie oft komplett zurück. Die duftigen Blüten erscheinen im Mai und werden auch noch im Schatten ausgebildet. Das große Laub macht optisch viel her: Schön sind die Hecken zu moderner Architektur aus Beton und Stahl. Heckenscheren durchtrennen die Blätter – gegen braune Blattränder daher mit der Rosenschere nachschneiden. Durch seine tiefen Wurzeln wächst er auch auf leichten Sandböden. Es gibt auch bodendeckende Sorten wie 'Mount Vernon'.

▷ Abendländischer Lebensbaum 'Columna'
Thuja occidentalis

Höhe: *6 m* **Breite:** *1,5 m*

Schneidet man junge Exemplare schon bei der Pflanzung an den Seiten, lassen sich ganz schmale Heckenwände erzielen. Ein Schnitt in altes trockenes Holz wird nicht wieder grün. Kappen Sie den Spitzentrieb erst, wenn die Endhöhe erreicht ist. Auch im Winter zeigt diese Sorte ihr frisches Grün, wächst viel langsamer als die öfter angebotene Sorte 'Brabant' und spart dadurch eine Menge Schnittarbeit. Gedeiht auf allen Böden, braucht aber etwas Feuchtigkeit. In trockenen Sommern gießen.

◁ Gewöhnliche Eibe *Taxus baccata*

Höhe: *12 m* **Breite:** *8 m*

Vielleicht ist sie die beste Heckenpflanze überhaupt. Durch jährlichen Schnitt können Sie in voller Sonne oder tiefem Schatten kniehohe Bordüren oder haushohe Wände gestalten. Neulinge schrecken vor dem Preis zurück. Wer sich aber gleich beim Einzug für 30 cm kleine Eiben entscheidet, hat nach drei Jahren schon eine vernünftige Hecke, die ein Leben lang attraktiv ist. Hauptsache, Sie lockern den Pflanzgraben 60 cm tief, düngen zweimal pro Saison und wässern von April bis August im Wochentakt. Für Hecken keine Sorten, sondern nur die normale Art verwenden. Der bittere Samenkern ist besonders für Kinder giftig.

▷ Gewöhnlicher Liguster 'Atrovirens'
Ligustrum vulgare

Höhe: *4 m* **Breite:** *3 m*

Wenn es schnell gehen soll, trumpft diese beliebte Heckenpflanze auf: Junge Sträucher erreichen mit wöchentlicher Bewässerung Zuwächse von 0,5 m im zweiten Standjahr. Der Strauch wächst auf nahezu allen Böden in der Sonne wie im Schatten und verträgt auch trockene Sommerzeiten erstaunlich gut. Kürzen Sie die Heckenseiten schon bei der Pflanzung, so lassen sich ganz schmale grüne Wände verwirklichen. Zeitpunkt: Ende April und Ende Juni. Das Laub färbt sich in kalten Wintern violettbraun.

Niedrige Hecken

◁ Kleinblättriger Buchsbaum
'Faulkner'
Buxus microphylla

Höhe: *2 m* **Breite:** *2 m*

Seit Jahrhunderten wird er für kleine Hecken genutzt, ohne ihn wären die Beete des Barock undenkbar. Buchs gedeiht in voller Sonne wie auch im Schatten und ist anspruchslos an den Boden. Für Hecken planen Sie sieben bis zehn Pflanzen pro Meter. Leider leiden viele alte Sorten des Gewöhnlichen Buchsbaums (*B. sempervirens*) neuerdings unter dem Pilz *Cylindrocladium buxicola*. Versuche haben gezeigt, dass die Sorten 'Faulkner' und 'Herrenhausen' kaum anfällig sind. Tipp: Hecken nie »über Kopf« beregnen, damit das Laub trocken bleibt. Von Mai bis August bei bedecktem Wetter schneiden. Reiben Sie die Handschere alle drei Minuten mit 70%igem Alkohol ab.

▷ Kletternder Spindelstrauch 'Emerald'n Gold'
Euonymus fortunei

Höhe: *0,5 m* **Breite:** *1 m*

Mit diesem gelb panaschierten Kleinstrauch lassen sich fröhliche Einfassungen gestalten. Oder Sie planen ihn vor dunklen immergrünen Hecken und Solitären als farbige Bodendeckerfläche ein. An Stämmen und Mauern klettert er leicht ohne ein Gerüst und wird hier bis 3 m hoch. Die Sorte 'Emerald Gaiety' mit weißem Blattrand bleibt niedriger. Leiten Sie den Spindelstrauch – wie auch die Sorten der Teppich-Zwergmispel – an einem Drahtzaun nach oben: Innerhalb weniger Vegetationsperioden nehmen die Triebe selbst Flächen von 1–1,5 m Höhe in Beschlag. Mit der Heckenschere schmal gehalten, können Sie so ganz leicht die Sicht zum Nachbarn oder auf eine unschöne Ecke im Garten verdecken. Der Kletternde Spindelstrauch gedeiht sowohl in der Sonne als auch im Halbschatten und wächst auf jedem normalen Gartenboden. Er verträgt sogar die Pflanzung unter lichten Bäumen. Von Mai bis August können Sie schneiden. Tipp: Verwenden Sie das Grün, um neue Pflanzen per Steckling zu ziehen, am besten unter einer Folie, damit die Luft ausreichend feucht ist.

▷ Glänzende Heckenkirsche 'Maigrün' *Lonicera nitida*

Höhe: *0,6 m* **Breite:** *1 m*

Durch die gute Winterhärte ist sie eine wertvolle Verbesserung. Bildet geschlossene Flächen in einem hellen Grün, das freundlich und frisch wirkt. Problemlos lässt sich der kleine Strauch schneiden. Dem Boden aufliegende Zweige wurzeln wieder fest – so lassen sich leicht neue Pflanzen generieren. Wächst auf jedem normalen Gartenboden, kann auch Trockenheit, Hitze und Wurzeldruck von Birken oder Ahornbäumen gut ertragen. Für Sonne, Halbschatten und auch Schatten am Haus oder unter Gehölzen. 'Maigrün' lässt sich reizvoll mit der Sorte 'Elegant' kombinieren, die etwas größer wird und ein dunkleres Blatt hat.

◁ Gewöhnliche Mahonie 'Apollo'
Mahonia aquifolium

Höhe: *0,6 m* **Breite:** *1 m*

Eine frostharte Züchtung mit kompaktem Wuchs und glänzend grünen Blättern. Die auffälligen gelben Blüten, die von April bis Mai erscheinen, sind größer als bei der Art. Sie lässt sich sehr gut mit der Rosenschere in eine lockere Heckenform bringen. Kommt sehr gut mit der Wurzelkonkurrenz von Gehölzen zurecht. Als Bodendecker im tiefen Schatten sogar unter Birke, Ahorn oder Kastanie. Auffällig ist die Herbst- und Winterfärbung in purpur- bis dunkelbraunen Tönen. Die schwarzen, hellblau bereiften Früchte wurden früher zu Wein vergoren. Sie können auch eine leckere Marmelade daraus kochen.

▷ Kirschlorbeer 'Otto Luyken' *Prunus laurocerasus*

Höhe: *1 m* **Breite:** *2 m*

Der breitbuschige, kompakte Strauch sieht mit seinem Blatt dem Echten Lorbeer ähnlich. Im Mai blüht er üppig mit aufrechten weißen Kerzen. Der Strauch ist sehr winterhart, was sich gerade an sonnenexponierten Stellen auszahlt. Auch im Schatten bleibt der Habitus geschlossen. Das liegt an dem tief gehenden Wurzelwerk, das ihm auch auf einem leichten Sandboden bestens über trockene und heiße Sommer hilft. Neue Sorten aus dem winterkalten Ungarn bringen bessere Frosthärte und schöneres Laub mit. Gehen Sie beim nächsten Gärtner auf die Suche nach den klein bleibenden Schönheiten 'Piri' und 'Kleopatra'.

Große Sträucher

▷ Lanzen-Berberitze *Berberis gagnepainii var. lanceifolia*

Höhe: *3 m* **Breite:** *2 m*

Für winterkalte und sommertrockene Standorte ist dieser Strauch bestens geeignet. Er gedeiht in Sonne und lichtem Halbschatten. Hauptzierde sind im Mai die vielen kleinen, gelben Blüten in Büscheln und die nachfolgenden blau bereiften Früchte. Durch den dichten Wuchs und die wehrhaften Dornen eignet er sich prima als undurchdringliche Grundstücksgrenze. In den ersten Jahren sollten Sie aufstrebende Triebe im Frühjahr auf verschiedener Höhe kappen, damit der Strauch sich besser verzweigt. Später, wenn die Zweige überhängen, kann der Schnitt nach der Blüte mit der elektrischen Heckenschere erfolgen.

◁ Schmalblättrige Berberitze
Berberis × stenophylla

Höhe: *2,5 m* **Breite:** *3 m*

Diese Art ist das Blütenwunder unter den Berberitzen: Von Mai bis Juni erscheinen Massen an goldgelb bis orange gefärbten Glöckchen. Dann folgen kleine, blauschwarze Kugelfrüchte. Die Gestalt ist bogig überhängend, mit feinen Ästen und schmalen, nadelartigen Blättern. Ein vollsonniger und trockener Boden ist günstig, damit die Triebe im Spätsommer gut ausreifen. Der Verzicht auf Dünger und Beregnung verhilft ebenfalls zu mehr Winterhärte. Falls doch einmal Zweige erfrieren, schneiden Sie sie stark zurück und freuen sich an neuen kräftigen Trieben im Frühjahr.

▷ Lederblatt-Mahonie *Mahonia bealei*

Höhe: *3 m* **Breite:** *2 m*

Der sparrige, wenig verzweigte Strauch sorgt mit seinem Habitus für die richtige Portion Exotik in unseren Gärten. Seine primelgelben Blüten erscheinen von März bis April in 15 cm langen Rispen. Besonders die bis 40 cm langen, gefiederten Blätter ähneln einer tropischen Pflanze. Wertvoll, weil sie im Halbschatten oder an ganz dunklen Standorten wächst. Hier ist auch der wichtige Schutz vor Wintersonne gegeben. Hohe Bäume und deren dichtes Wurzelwerk sind ebenfalls kein Problem. In den ersten drei Wintern die Wurzeln mit einer dicken Mulchschicht schützen.

▷ Kirschlorbeer 'Genolia'

Prunus laurocerasus

Höhe: *4 m* **Breite:** *1 m*

Der äußerst schmale Wuchs und beste Winterhärte zeichnen diese neue Sorte aus. Mit ihr lassen sich schmale Säulen als Hingucker in weiten Pflanzungen mit mittelhohen Bodendeckern verwirklichen. Auch für hohe Hecken ist der Großstrauch erste Wahl. Die Sorte 'Caucasica' hat sich ebenfalls bewährt, wächst aber breiter. Weiße Blüten erscheinen im Mai. Die Pflanze wächst auf jedem guten Gartenboden und kann auch Sommerhitze gut überstehen. Wichtig beim Trimmen: Die Form mit der elektrischen Heckenschere vorschneiden, dann die Triebe mit der Rosenschere nachkürzen – sonst verbräunen die Schnittstellen.

◁ Mittelmeer-Feuerdorn 'Red Column'

Pyracantha coccinea

Höhe: *3 m* **Breite:** *2 m*

Die Zierwirkung mit weißem Flor im Mai und den intensiv rotgefärbten Früchten ab September ist enorm. Eine weitere gute und frostharte Sorte ist 'Orange Charmer' mit orangefarbenen Früchten, die bis weit in den Winter haften. Der Strauch verträgt durch tiefe Wurzeln volle Sonne und trocken-heiße Standorte, z. B. Haussüdseiten im Regenschatten des Daches. Gedeiht auf jedem Boden, lässt sich gut schneiden und als hohe Hecke formen. Tipp: Nur kniehohe Jungware kaufen und die Drehwurzeln am Topfboden mit der Schere mehrmals durchtrennen. In den ersten zwei, drei Jahren mit Bambus stützen.

▷ Lorbeer-Glanzmispel *Photinia davidiana* var. *davidiana*

Höhe: *3 m* **Breite:** *3 m*

Wegen der schönen Früchte sollte dieser Strauch aus dem Himalaja eigentlich in jedem Garten stehen. Sie erscheinen nach den weißen Blüten im Juni, sind leuchtend rot und haften oft bis weit ins Frühjahr hinein. Zusätzlich färben sich die älteren Blätter im Herbst auffällig orange bis rot. Der Standort sollte geschützt und sonnig sein. Anfangs ist sie etwas frostempfindlich, wächst dann aber zur malerischen robusten Pflanze mit eigenwilligem Habitus. Ein Schnitt ist nicht notwendig. Normale Gartenböden mit genügend Feuchte sind ideal. Gut für Küstengebiete oder Dachgärten: Die Pflanze ist erstaunlich windfest.

Große Sträucher

▷ Prager Schneeball *Viburnum × pragense*

Höhe: *3 m* **Breite:** *3 m*

Seine Verwandtschaft mit dem Runzligen Schneeball merkt man
dieser Züchtung an, er ist nur in allem zierlicher. Die Blätter
haben einen starken, sehr zierenden Glanz. Als lichter, graziler
Großstrauch eignet er sich für den Hintergrund im Vorgarten oder
als Solitär an der Gartengrenze. Für sonnige bis halbschattige
Lagen. Jeder Gartenboden reicht ihm aus, er ist frosthart und
auch gut für das Stadtklima geeignet. Schöne cremeweiße Blüten
erscheinen von Mai bis Juni in breiten Schirmrispen. Früchte bleiben aus. Möchten Sie an der Gartengrenze einen dichteren Habitus, kürzen Sie die langen Triebe um die Hälfte ein.

◁ Runzliger Schneeball *Viburnum rhytidophyllum*

Höhe: *4 m* **Breite:** *3 m*

Bei diesem monumentalen Strauch zeigen sich im Mai
cremeweiße Schirmblüten, später leuchtend rote, dann
schwarze Beeren. Der Wuchs ist aufrecht, im Alter wird
er breiter. Charakteristisch sind die großen, bis 20 cm
langen, runzlig-lederartigen Blätter. Feiner wächst der
»kleine Bruder«, der Prager Schneeball. Bemerkenswert:
Er toleriert volle Sonne bis tiefen Schatten, bevorzugt
frische bis feuchte Böden, kann aber auch Trockenheit
erstaunlich gut vertragen. Tipp: Lange junge Triebe einkürzen, dadurch wird der Wuchs kompakter.

▷ Oster-Schneeball *Viburnum × burkwoodii*

Höhe: *2 m* **Breite:** *2 m*

Was für ein Fest, wenn sich im April und Mai die weißen Blütenbälle zeigen – ihr Duft ist einfach zu verführerisch. Oft gibt es
sogar eine leichte Nachblüte im Herbst. Auch hier sorgt ein
Schnitt direkt nach dem Flor für einen kompakten Aufbau. Ein Teil
der Blätter färbt sich im Herbst gelb bis weinrot. Anspruchslos an
den Boden, für Sonne und Halbschatten. Toll in Riechweite am
Hauseingang oder unweit der Terrasse. Weitere allerdings sommergrüne Schneebälle mit intensivem Parfum sind Großblumiger
Duftschneeball *(Viburnum carlcephalum)* und Winter-Schneeball
'Dawn' *(Viburnum × bodnantense)*.

▷ Binsenginster *Spartium junceum*

Höhe: *3 m* **Breite:** *2 m*

Seine extrem lange Blütezeit macht diesen kaum bekannten mediterranen Strauch bei Liebhabern begehrt. Stark duftende, gelbe Schmetterlingsblüten erscheinen von Juni bis in den Oktober – dafür lohnt sich auch ein bisschen Frostschutz in Form einer Mulchdecke auf den Wurzeln und dicker Vliesumhüllung der Krone. Der Binsenginster braucht vollsonnige, freie Plätze und verträgt hier trockene Sommermonate ohne Probleme. Die Blätter sind zwar kurzlebig, durch das frische Grün der Triebe macht der Strauch aber einen immergrünen Eindruck. Schön in Verbindung mit Schnee-Heide und blauem Schuppen-Wacholder 'Blue Carpet' als Unterpflanzung.

◁ Japanische Stechpalme 'Convexa' *Ilex crenata*

Höhe: *1,5 m* **Breite:** *2 m*

Unregelmäßig breit im Wuchs und mit dichter Verzweigung ist dieser Kleinstrauch schön auf kleinen Beeten, am Haus oder unter hohen Bäumen, wie z. B. einer Schwarz-Kiefer. Er ist sehr frosthart und verträgt Sonne und auch tiefen Schatten. Das macht ihn für die Dachbegrünung und den Balkon geeignet. Er eignet sich auch gut als Ersatz für Buchsbaum. Das Blattwerk ähnelt sich sehr, und durch die gute Schnittverträglichkeit lassen sich hervorragend große Kugeln oder Kuben formen. Reagiert empfindlich auf Staunässe, schwere, feuchte Lehmböden oder Bodenverdichtungen.

▷ Stachelblättrige Duftblüte *Osmanthus heterophyllus*

Höhe: *2,5 m* **Breite:** *2 m*

Dieser Strauch aus Japan sieht mit seinen gezackten Blättern aus wie eine Mischung aus Liguster und Stechpalme. Die eigentliche Sensation sind aber die vielen kleinen, weißen Blüten. In Büscheln erscheinen sie von September bis Oktober und duften durch den ganzen Garten mit berauschender Süße. Standort ist der geschützte Halbschatten, denn auf starke Wintersonne bei gefrorenem Boden reagiert die Pflanze mit Blattschäden. Hilfreich ist ein schützendes Wintervlies oder eine Schilfmatte. Die Pflanzen lassen sich gut schneiden – in milden Gegenden können Sie sie gut zur Hecke oder Topiari-Kunst formen.

Kleine Sträucher

◁ Rosmarin-Seidelbast *Daphne cneorum*

Höhe: *0,3 m* **Breite:** *0,5 m*

Die leuchtend rosa Blüten mit dem fantastischen Duft sind es, die Gärtnerherzen im April und Mai auch bei schlechtem Wetter schneller schlagen lassen. Der kleine, niederliegende Strauch liebt einen sauren Platz aus ungekalktem Torf im Gartenbeet. Vollsonnig sollte er sein und geschützt vor allzu starkwüchsigen Nachbarn wie Stauden oder Bodendeckern. Besenheide und Schnee-Heide sind als Begleiter ideal. Der Strauch ist kurzlebig, nach einigen Jahren müssen Sie meist nachpflanzen. Schön auch in Verbindung mit Steinanlagen oder mit Thymian und Fetthenne in aufgelassenen Lücken vom Wegbelag.

▷ Dornige Ölweide 'Maculata' *Elaeagnus pungens*

Höhe: *1 m* **Breite:** *1 m*

Der unregelmäßige gelbe Fleck, der auf dem dunkelgrünen Blatt leuchtet, macht diesen Strauch zum Hingucker. Panaschierung nennt der Fachmann die Tupfen, Flecken oder Streifen in Gelb auf den Blättern. Manchmal bilden sich auch Triebe, die nur grüne Blätter haben und sich der Ursprungsform annähern. Diese sollten Sie direkt an der Ansatzstelle mit einer scharfen Schere entfernen. Zur Pflanzung eignet sich ein guter Gartenboden an sonniger Stelle. Schützen Sie die Ölweide mit Schattenleinen oder Fichtenreisig vor Wintersonne und Wind. Sonst kann es zu braunen Blättern kommen.

◁ Kolchischer Efeu 'Arborescens' *Hedera colchica*

Höhe: *1,5 m* **Breite:** *1,5 m*

Kleine, dichte Sträucher, die besonders durch das große, lackig glänzende Laub auffallen. Es ist die Altersform, das heißt, die Pflanze bildet aufrechte Triebe statt Ranken. Das Laub wird bis 12 cm lang und damit wesentlich größer als bei anderen Efeuarten. Auffällige hübsche Blütenknospen. Die Blüte im Juli bis September ist wichtig für Insekten. Es folgen dekorative kugelig-schwarze Beeren, die sich prima in Sträußen machen. Wächst auf allen Böden in halbschattiger bis schattiger Lage. Sieht gut im Topf aus, dann sollten Sie ihn aber über Winter in die Erde einsenken, weil die Wurzeln frostempfindlich sind.

◁ Gebogene Traubenheide 'Rainbow'
Leucothoe fontanesiana

Höhe: *1 m* **Breite:** *1,5 m*

Der kleine Strauch trägt zierlich überhängende Zweige mit herrlich bunter Belaubung in Rosa, Kupfer und Cremetönen. Hübsche weiße Traubenblüten erscheinen von Mai bis Juni. Im Spätherbst färbt sich das Laub in schöne Rottöne. Das Wurzelsystem ist fein und dicht verzweigt, daher können Sie den Strauch auch nach Jahren noch gut verpflanzen. Zur Vermehrung einfach Teile mit einem scharfen Spaten abstechen. Die Pflanze treibt kurze Ausläufer, ist aber nicht invasiv. Mag frische, humose Böden und halbschattige bis tief schattige Lagen. Hier kommt sie auch mit Trockenheit erstaunlich gut zurecht. Zweige hervorragend für die Floristik geeignet.

▷ Glänzende Heckenkirsche 'Elegant'
Lonicera nitida

Höhe: *1,2 m* **Breite:** *1,2 m*

Als Mittelbau im Beet, großflächiger Bodendecker oder auch für eine formal geschnittene niedrige Hecke ist dieser Strauch gut zu verwenden. Er gedeiht auf jedem Gartenboden, kann Hitze an sonnigen Plätzen am Haus ebenso vertragen wie kühlen Schatten. Wertvoll: Sogar Wurzeldruck unter Bäumen ist kein Hindernis. In starken Wintern können die Triebe leiden und frieren evtl. zurück – im Frühjahr regenerieren sie sich aber leicht. Durch die dunkelgrünen Blätter hat diese Sorte von allen Heckenkirschen den schönsten Habitus. Eine Vermehrung gelingt im August leicht über Stecklinge aus der Mitte diesjähriger Triebe.

◁ Skimmie 'Rubella' *Skimmia japonica*

Höhe: *0,5 m* **Breite:** *0,4 m*

Durch das dichte Laub und den aufrechten, langsamen Wuchs eignet sie sich für jeden Garten. Das Highlight sind die auffälligen Knospen, die schon im Herbst in Rispen sichtbar sind. Erst von April bis Mai blühen sie weiß und duftend auf. Früchte werden nicht angesetzt, weil die Form männlich ist. Wertvoll ist, dass die Pflanze auch noch im tiefsten Schatten gut gedeiht. Sorgen Sie mit viel Torf, Kompost und Nadelstreu am neuen Standort für einen sauren, humusreichen Boden – das Plus an Wachstum ist die Arbeit wert. In sommerlichen Trockenzeiten sollten Sie wässern. Hübsch ist die Pflanze auch in größeren Töpfen auf Balkon und Terrasse mit Nordausrichtung.

Kleine Sträucher

◁ Kissen-Schneeball *Viburnum davidii*

Höhe: *0,5 m* **Breite:** *1 m*

Der Kleinstrauch liebt einen halbschattigen Platz ohne morgendliche Sonne. Von großem Zierwert ist das bemerkenswert große, bis 15 cm lange Laub mit ausgeprägten Blattrippen. In kalten Gegenden kann es in schneereichen Wintern zu Schäden kommen, die sich im Frühjahr schnell verwachsen. Er bevorzugt humose, saure Böden, graben Sie dazu etwas Torf und Nadelerde bei der Pflanzung ein. In trockenen Sommern öfter wässern. Sie können die Pflanze gut als flächigen Bodendecker zum Gartenweg hin einplanen, zusammen mit Kanadischem Hartriegel, großblumigen Rhododendren und Knap-Hill-Azaleen entsteht ein fantastisches Moorbeet.

▷ Henrys Schneeball *Viburnum henryi*

Höhe: *3 m* **Breite:** *3 m*

Dieser hohe Strauch besticht durch seine exotische Wuchsform: Mit aufstrebenden Grundtrieben und horizontaler Seitenbezweigung wächst er zu raumgreifenden Exemplaren. Von Mai bis Juni bilden sich weiße Blütendolden, die sich zu roten, später schwarzen Beeren entwickeln. Wächst auf jedem Boden. Der Habitus ist wegen der schütteren Belaubung insgesamt leicht und luftig. Das einzelne Blatt ist länglich und oberseits stark glänzend – was den exotischen Eindruck verstärkt. Wirkt schön im Hintergrund von Rabatten, passt zu Zaubernuss und Rhododendron, weil der Strauch im Halbschatten und Schatten gedeiht.

◁ Mittelmeer-Schneeball *Viburnum tinus*

Höhe: *2 m* **Breite:** *1,5 m*

Der dichte Strauch aus dem Mittelmeergebiet ist bei uns in geschützten Innenhöfen und in wintermilden Lagen ausreichend frosthart. Kühlere Mittelgebirge meistert er wie Oleander im kühlen, hellen Treppenhaus oder im Wintergarten als schicke Kübelpflanze. Dann blüht er manchmal sogar im Winter. Das kleine Blatt und die hübsche weiße Blüte im März und April machen den Reiz aus. Später erscheinen sehr schöne stahlblaue Beeren. Der Mittelmeer-Schneeball mag eine sonnige bis halbschattige Lage in jedem Gartenboden. Düngen Sie höchstens einmal im Mai. Der Strauch ist sehr schnittverträglich, in Italien steht er oft als Heckenpflanze. Seine Zweige eignen sich gut für Kränze und als Weihnachtsdeko.

◁ **Mexikanische Orangenblume 'Aztec Pearl'**
Choisya ternata

Höhe: *1,5 m* **Breite:** *1,5 m*

Die attraktiven, zierlich gefingerten Blätter verleihen dem Strauch viel Exotik. Der Höhepunkt ist jedoch die Blüte mit bis zu 20 cm langen weißen Rispen, die zudem verführerisch duften. Die Pflanze liebt einen sonnigen und geschützten Platz in guter Gartenerde mit ausreichend Feuchtigkeit. Trotz des späten Austriebs ist sie eher eine Pflanze für wintermilde Gebiete wie die Kölner Bucht oder der Rheingraben. Gut geeignet auch als Kübelpflanze. Sorgen Sie ansonsten für Winterschutz mit Schilfmatten, besonders in den ersten drei Standjahren. Pflanzung im Frühjahr ist von Vorteil. Rückschnittverträglich.

▷ **Dichte Griseline** *Griselinia littoralis*

Höhe: *2 m* **Breite:** *1 m*

Dieser dichte Strauch gehört in England zum gängigen Repertoire, bei uns ist er hingegen kaum bekannt. Die hellgrünen Blätter sind recht dick und fleischig. Sie haben einen hübschen Umriss, der an das Laub des *Ficus benjamina* erinnert. Es existiert mit 'Variegata' auch eine panaschierte Form mit weiß marmorierten Blättern. Einen Schnitt mit der Rosenschere verträgt er sehr gut – so sind auch Kuben- und Tonnenformen möglich. Die Pflanze wächst in jedem Garten, im Juli und August sorgen ein paar gründliche Wassergaben für ein Plus an Wachstum. Danach lassen Sie die Pflanze für den Winter aushärten.

◁ **Scheinbeere 'Coccinea'** *Gaultheria mucronata*

Höhe: *0,5 m* **Breite:** *0,5 m*

Die rosafarbenen Früchte sind das Besondere an diesem kleinen, dicht verzweigten Strauch mit den spitzen, piksigen Blättchen. Es gibt ihn auch mit roten ('Purpurea') oder mit weißen Früchten ('Alba'). Die Blüten erscheinen von Mai bis Juni. Die Scheinbeere, auch Topfmyrte genannt, bevorzugt einen humosen, feucht-sauren Boden, bereiten Sie daher den Standort unbedingt mit Torf und saurem, ungekalktem Eichenlaubkompost vor. Sie mag die Sonne, halten Sie den Standort in sommerlichen Trockenzeiten aber feucht. Sie hält Fröste bis minus 10°C aus. Die Früchte bleiben bis weit in den Winter haften. Sehr schön in der Herbst- und Weihnachtsdeko.

Moorbeetgewächse

◁ Japanische Azalee 'Schneeglanz'
Rhododendron × obtusum

Blüte: *Mai* **Höhe:** *1 m*

Diese halbimmergrünen kleinen Sträucher fallen durch ihren gewaltigen Flor auf. Vor lauter Blüte ist kaum noch ein Blatt zu sehen, und das intensive Pink leuchtet weithin durch den Frühlingsgarten. Es gibt unzählige Sorten in Weiß, Rosa, Rot und Violett, aber auch in Blau und sogar Orange. Sie eignen sich mit ihrem niedrigen Wuchs bestens als Vorpflanzung für große Rhododendren und hohe Knap-Hill-Azaleen. Über den Winter färben viele Sorten ihre Blätter tiefgrün bis glänzend bronzerot (z. B. 'Maruschka'). Sie lieben den Halbschatten und Schatten, eignen sich auch für flache Gefäße und Pflanzschalen.

▷ Japanische Azalee 'Kermesina' *Rhododendron × obtusum*

Blüte: *Mai – Juni* **Höhe:** *0,8 m*

Sie sind für ihren Blütenreichtum und ihren kompakten Wuchs berühmt. Die gute Winterhärte prädestiniert sie für kaltes kontinentales Klima. Die Pracht in Rubinrosa, Weiß oder zweifarbigem hellem Rosa ist beeindruckend. Auch diese Azaleen mögen einen humosen und sauren Boden. Ist der Boden feucht genug, kommt auch ein Standort mit mehr Sonne infrage. Sie können die breit wachsenden Sträucher im Japangarten direkt nach der Blüte zu flachen Matten oder Einfassungen trimmen. Im Heidegarten oder einer kleinen Rabatte bleiben sie jedoch ohne Schnitt – das spart Arbeit, und der unregelmäßige, aber dichte Habitus passt in die Natur-Optik.

◁ Besenheide 'Boskoop' *Calluna vulgaris*

Blüte: *Aug. – Sept.* **Höhe:** *0,3 m*

Die Zwergsträucher sind bezaubernde Sommerblüher für freie, sonnige Flächen. Auch eine halbschattige Lage ist noch möglich. Es gibt unüberschaubar viele Sorten in Weiß, Rosa, Rot bis ins dunkle Lila. Dichte Flächen, wie in der Lüneburger Heide, erzielen Sie mit 15–20 Pflanzen je Quadratmeter. Durch einen Rückschnitt Anfang April um die Hälfte des letztjährigen Triebes wachsen die Pflanzen zum dichten Teppich. Auch im Topf zusammen mit Gräsern und Herbststauden wie Astern (*Aster dumosus*) sind sie schön. Wählen Sie hier die Knospenblüher: Diese neuen Sorten blühen nicht auf, zeigen dafür aber mit ihren bunten Knospen bis Weihnachten Farbe.

◁ Japanische Kamelie 'Berenice Boddy'
Camellia japonica

Blüte: *März – April* **Höhe:** *2 m*

Diese Schönheit ist aufgrund ihrer großen, exotisch gefüllten Blüten in den letzten Jahren wieder sehr modern geworden. Anfang des 19. Jahrhunderts hatte sie um Dresden ihre erste Hochphase – damals als Zimmerpflanze für kühle Wohnzimmer. Ihr früher Flor und die schönen Farben von Weiß über Rosa bis Violett machen sie beliebt. Mittlerweile gibt es gut frostfeste Sorten, auch für Standorte außerhalb von Nordseeküste, Rhein und Ruhr. Doch ein Winterschutz gegen Kahlfröste mit Reetmatten und dicker Mulchschicht auf den Wurzeln ist stets angebracht. Wichtig: Halbschatten und ein saurer humoser Boden.

▷ Irische Heide 'Cupido' *Daboecia cantabrica*

Blüte: *Juli – Sept.* **Höhe:** *0,4 m*

Dieser hübsche Bodendecker hat eine bemerkenswert lange Blütezeit. Die relativ großen Glöckchen in Weiß, Rosa oder Purpur erscheinen an langen Rispen und lassen sich gut in Sträußen und Kränzen verarbeiten. Wächst anfangs breit, dann hoch. Sie macht auch als Topfpflanze zu dritt in einer Reihe eine gute Figur. Sie gedeiht auf normalen Gartenböden, mag aber keinen hohen Kalkgehalt. Wählen Sie den Standort sonnig bis halbschattig. Sind die Pflanzen in einem kalten Winter ohne Schneedecke einmal stark zurückgefroren, schneiden Sie sie einfach mit der Heckenschere tief zurück – sie treiben schnell wieder durch.

◁ Schnee-Heide 'Kramer's Weiße' *Erica carnea*

Blüte: *Dez. – April* **Höhe:** *0,2 m*

Wunderschön ist dieser bodendeckende Zwergstrauch als Tuff aus fünf oder sieben Pflanzen an Treppen, Terrassen oder Gartenwegen, um von der Pflasterung zu niedrigen bis hüfthohen Immergrünen überzuleiten. Blüht sehr lang. Es gibt auch Sorten in Rosa oder Karminrot. Ein leichter Rückschnitt im April fördert den Flor im nächsten Jahr und verhindert, dass die Pflanzen auseinanderfallen. Setzen Sie mindestens 10–15 Pflanzen pro Quadratmeter. Solche Bodendecken sind in sonniger Lage über Jahrzehnte stabil – das rechtfertigt die hohen Kosten der Erstanlage. Mini-Sträuße auf dem Teller sind ein toller Willkommensgruß für Gäste.

Moorbeetgewächse

◁ Berglorbeer 'Olympic Fire' *Kalmia latifolia*

Blüte: *Mai – Juni* **Höhe:** *1,5 m*

Der breitbuschige Strauch ziert wegen seiner glutroten Knospen, die sich zu rosaweißen Blüten in großen Büscheln entfalten. Einzeln sehen sie wie kleine Schalen aus, die innen eine faszinierende Zeichnung haben. Der Berglorbeer braucht ähnlichen Boden wie Rhododendron, daher können Sie sie gut im feuchten Moorbeet kombinieren. Pflanzen Sie ihn besser in die Randbereiche, wo er viel Sonne bekommt. Halbschatten ist auch noch möglich. Tipp: Die Sträucher sind selten bis unten belaubt und bekommen leicht kahle Füße. Kleinwüchsige Azaleen und *Rhododendron forrestii* eignen sich hier als kaschierende Unterpflanzung.

▷ Rhododendron 'Balalaika'
Rhododendron-Hybride

Blüte: *Mai – Juni* **Höhe:** *1 m*

Die großblumige Sorte zeigt eine faszinierende Farbkombination: orangefarbene Einzelblüten mit rötlich-rosa Saum. Blütenstutz aus sechs bis zehn Blüten ist 9 cm hoch und 12 cm breit. So viel Exotik gibt es in nur wenigen Gärten, denn gelbe und orange Farbtöne werden erst seit Kurzem angeboten. Früher waren solche Pflanzen nicht genügend winterhart. Tipp: Wässern Sie Rhododendren durchdringend während der Blüte, bei der Entfaltung der Blätter im Juni, während Trockenperioden im August und besonders im Winter in frostfreien Perioden. Das sorgt für mehr Vitalität und verhindert Trockenschäden am Grün.

◁ Rhododendron 'Cunningham's White'
Rhododendron-Hybride

Blüte: *April– Mai* **Höhe:** *2 m*

Schon um 1830 entstand diese Züchtung in England, und sie ist heute immer noch eine der frosthärtesten und genügsamsten Sorten! Die weißen Blütenstutze aus 9–13 Blüten sind 9 cm hoch und 11 cm breit. Diese Sorte wird millionenfach als Unterlage für die Veredelung anderer Sorten verwendet. Gut für die Kübelpflanzung auf halbschattigen Balkonen und Terrassen. Tipp: Sie lässt sich prima als Hecke formen und hier in jeder Höhe und Breite begrenzen. Dafür jährlich direkt nach der Blüte schneiden. Vier Wochen vorher sparsam einen Mineraldünger aufstreuen. Dabei nicht hacken, denn die Wurzeln verlaufen sehr flach.

◁ Rhododendron 'Diadem'
Rhododendron-Hybride

Blüte: *Mai – Juni* **Höhe:** *2 m*

Diese Sorte gilt als die schönste unter den rosa blühenden Rhododendren. Sie entwickelt von Mai bis Juni einen beeindruckenden üppigen Flor. Besonders auffällig sind die zweifarbigen Blüten: In hellem Rubinrosa prangt innen jeweils ein weinroter Fleck mit großer Fernwirkung. Der Blütensaum ist elegant gekräuselt. Der Blütenstutz besteht aus 9–14 Blüten (12 cm hoch, 14 cm breit). Einen hübschen Kontrast bildet das dunkelgrün glänzende Laub. Wie die anderen Hybriden braucht auch diese Züchtung einen halbschattigen bis schattigen Platz unter Tiefwurzlern wie Kiefern oder Eichen. Die Erde sollte humusreich und sauer sein. Wer der Umwelt wegen keinen Torf einsetzen möchte, pflanzt diese Sorte als Inkarho®-Rhododendren. Weil ihre Unterlage mehr Kalk verträgt, reichen Eichenlaubkompost oder alte Fichtennadeln zur Bodenverbesserung.

▷ Rhododendron 'Goldflimmer' *Rhododendron*-Hybride

Blüte: *Mai – Juni* **Höhe:** *1,5 m*

Das zierende Blatt ist hier die Hauptattraktion: Ein unregelmäßiger goldgelber Streifen hellt die Mitte auf – so wirkt diese Sorte das ganze Jahr über äußerst ansprechend. Der lilarosa Blütenstutz fällt etwas kleiner aus und besteht aus 9–14 Blüten (Höhe 7 cm, Breite 9 cm). Die Pflanze wächst gedrungen und kompakt, daher eignet sie sich gut als Vorpflanzung vor höheren Hybriden wie 'Roseum Elegans' und 'Catawbiense Grandiflorum'. Auch im Kübel macht sie eine gute Figur. Brechen Sie die alten Blüten aus, bevor die neuen Triebe erscheinen – das sorgt für ein besseres Aussehen und schont die Energie der Pflanze.

Moorbeetgewächse

◁ Rhododendron 'Praecox' *Rhododendron*-Hybride

Blüte: *März – April* **Höhe:** *1,5 m*

Dieser Strauch entzündet mit hellen, lilarosa Blüten Anfang März das erste Farbfeuerwerk des Jahres. Nach einem langen Winter ist das ein wahrer Lichtblick. In manchen Jahren überrascht jedoch ein später Frost die frühe Blüte. Die Pflanze ist gut winterhart und eignet sich auch für kalte Lagen. Sie mag einen halbschattigen Platz und verträgt auch dunkle Ecken. Anspruchslos an den Boden, solange er nicht zu kalkhaltig ist. Die schöne lockere Wuchsform entwickelt sich von allein. Schön im Vorgarten oder in der Nähe des Hauseingangs, z. B. mit Ginster *(Cytisus)* und Wacholder 'Repanda'.

▷ Rhododendron 'Schneespiegel'
Rhododendron-Hybride

Blüte: *Mai – Juni* **Höhe:** *1 m*

Die großblumige Sorte zeigt ein faszinierendes reines Weiß, das durch einen kleinen weinroten Basalfleck am Grund der Blüte noch gesteigert wird. Bei Gartenschauen ist sie eine Sorte, die viel Aufsehen erregt. Der Blütenstutz aus 8–13 Blüten hat eine stattliche Höhe von 10 cm und eine Breite von 14 cm. Außerhalb der Blütezeit schmückt das dunkelgrüne, glänzende Laub. Durch die kompakte breitrunde Form und die gut einsetzbare Wuchshöhe lässt sich die Sorte gut vor sattgrünen Koniferenhecken oder anderen größeren Rhododendren wie 'Roseum Elegans' oder 'Catawbiense Grandiflorum' pflanzen.

◁ Rhododendron 'Sammetglut'
Rhododendron-Hybride

Blüte: *Mai – Juni* **Höhe:** *1,5 m*

Die großblumige Sorte zeigt ein samtartiges dunkles Rot, das nicht aufhellt. Außergewöhnlich gut wirkt der Ton vor hellgrünen Hintergründen wie einer Lebensbaumhecke 'Smaragd'. Die weißen Staubgefäße im Blüteninneren setzen sich zusätzlich kontrastreich ab. Der Blütenstutz besteht aus 9–14 Blüten (Höhe 7 cm, Breite 9 cm). Gut lässt sich dieser Rhododendron mit weißen Sorten wie 'Schneespiegel' und 'Sapporo' kombinieren. Wie die anderen Rhododendren lieben die Pflanzen eine Mulchdecke aus Eichenlaub oder Fichtennadeln auf dem flachen Wurzelwerk. Das hält die Feuchtigkeit im Boden und vermindert das Wachstum von Unkraut.

▷ Rhododendron 'Gartendirektor Rieger'

Rhododendron williamsianum

Blüte: *Mai* **Höhe:** *1,5 m*

Die großen, cremefarbenen Blüten sind außergewöhnlich und auffällig zugleich – ein Grund, diese Sorte im Garten an einen gut gewählten Platz im Hintergrund zu setzen. Im lichten Schatten von Haus oder hohen Koniferen leiden die Sträucher in kalten Wintern weniger unter der Sonne. Zusätzliche Zierde: das dunkelgrüne ovale Laub. Gerade für kleinere Gärten eignet sich diese Sorte, weil die Äste später nicht so stark in die Breite wachsen. Andere Williamsianum-Hybriden blühen in Rubinrosa ('August Lamken'), Hellrot ('Lissabon') oder in zartem Lila ('Vater Böhlje').

◁ Rhododendron 'Baden Baden'

Rhododendron forrestii

Blüte: *Mai – Juni* **Höhe:** *0,8 m*

Mit scharlachroten Blüten leuchtet dieser niedrige, breit ausladende Busch von Weitem durch den Garten. Setzen Sie ihn als kräftigen Akzent in sonnige bis halbschattige Gartenecken. Gut macht sich eine große Gruppe als jahreszeitliches Highlight im Heidegarten. In Trockenzeiten sollten Sie gut wässern. Der dichte, regelmäßige Wuchs macht Schnittmaßnahmen überflüssig. Die Pflanzen eignen sich für Töpfe und Kästen. Düngen Sie – wie bei den anderen Rhododendren – im März mit einer Handvoll Hornspäne pro Quadratmeter, das sorgt für einen kräftigen Neutrieb und eine sattgrüne Blattfarbe.

▷ Rhododendron 'Anuschka'

Rhododendron yakushimanum

Blüte: *Mai – Juni* **Höhe:** *1 m*

Das dunkle Rosa mit dem hellen Blütenschlund macht diese Sorte so begehrt und perfekt kombinierbar mit anderen großblumigen Hybriden in hellem Rosa, Flieder oder Weiß. Der doppelt so breite wie hohe Wuchs der Yakushimanum-Hybriden zeigt sich auch bei dieser Sorte – genau der richtige Habitus für kleine Gärten. Alle vertragen bei ausreichender Bodenfeuchtigkeit auch einen sonnigen Standort. Sie eignen sich gut für die Pflanzung in mehr flachen als tiefen, großen Kübeln. Die Vielfalt ist groß: Es gibt gelbe Töne ('Golden Melodie'), herrliches Rubinrosa ('Polaris') oder auch reines Rot ('Leuchtfeuer').

Stauden

◁ Altai-Bergenie 'Morgenröte'
Bergenia cordifolia

Blüte: *April – Mai* **Höhe:** *0,3 m*

Üppiger rosa Flor zeichnet diese Sorte aus. Schön sind auch 'Abendglocken' in Rot oder 'Beethoven' in Weiß. 'Herbstblüte' präsentiert im September einen zweiten vollwertigen Flor in dunklem Rosa. Alle Formen werden hauptsächlich wegen ihrer großen, derben Blätter gepflanzt, die in der Sonne und auch im dunklen Schatten gedeihen. Ein hellerer Standort garantiert allerdings einen reicheren Flor in intensiveren Tönen. Später Frost im Frühjahr kann den Pflanzen schon mal zu schaffen machen: Sie treiben früh aus, und manchmal raffen die kalten Temperaturen die knospigen oder gerade aufgegangenen Blüten dahin. Für die Pflanze ist das aber kein Problem, sie regeneriert sich immer wieder ohne Probleme. In puncto Erde ist die Staude anspruchslos. Selbst sommertrockene Standorte werden relativ gut vertragen. Allerdings ist sie dankbar für regelmäßige Kompostgaben. Tipp: Setzen Sie die Pflanzen immer in größeren Gruppen – mindestens zu dritt. Die Blätter eignen sich gut als Abschluss von Blumensträußen.

▷ Hängepolster-Glockenblume 'Blauranke'
Campanula poscharskyana

Blüte: *Juni – Aug.* **Höhe:** *0,2 m*

Dieser Bodendecker zeichnet sich durch eine lange Blütezeit und robusten Wuchs aus. 'Silberregen' blüht weiß, die Sorte 'Stella' in Violettblau. 'Blauranke' gedeiht in der Sonne und im Halbschatten. Sie breitet sich schnell mattenartig auf mehrere Quadratmeter aus, wächst in Plattenfugen und passt gut zu Findlingsmauern. Sie ist hübsch im vorderen Bereich von Staudenbeeten, als Übergang zum Rasen oder zur Terrasse. In Trockenzeiten macht die Pflanze mit den zarten Blättern erst relativ spät schlapp. Nach der Blüte lohnt es sich, das Laub zu entfernen. So zeigt sich schnell neues Grün, das den Winter überdauert. Kommt gut ohne Dünger aus. 'Blauranke' eignet sich als Teppich zwischen Funkien oder Bergenien. Die Ranken mit den Glockenblütchen sind hübsch als zierliche Sträußchen auf einer großen Tafel oder auf der Küchenzeile.

▷ Sündermanns Silberwurz *Dryas × suendermannii*

Blüte: *Mai – Juni* **Höhe:** *0,1 m*

Der zierliche Zwergstrauch mit den großen Blüten passt prima an sonnige Treppenstufen oder zum Auflockern in Plattenflächen. Dafür nehmen Sie einzelne kleine Platten oder Steine heraus und bepflanzen diese Lücken. Die Triebe bilden langsam eine dichte Matte. Hübsch sind die fedrigen Samenstände im Kontrast zum dunklen Laub. Verträgt auch halbschattige Standorte auf frischem bis mäßig trockenem Boden. Wichtig ist ein hoher Kalkgehalt: Mulch mit zerstoßenen Eierschalen jeden Oktober sorgt wie bei Christrosen für Erfolg. Die Vermehrung ist einfach: Abgestochene Randbereiche wachsen am neuen Ort schnell wieder fest.

◁ Elfenblume 'Sulphureum' *Epimedium × versicolor*

Blüte: *April – Mai* **Höhe:** *30 m*

Die zarten gelben Blüten standen für den Sortennamen Pate. Es gibt auch andere Farben wie Orange bei 'Orangekönigin' oder helles Lila bei 'Roseum'. 'Sulphureum' hält ihr Laub über den Winter und ist ein hervorragender Bodendecker für halbschattige bis schattige Bereiche. Ende März sollten Sie größere Flächen mit der Heckenschere oder dem Rasenmäher schneiden – gleich darauf kommen die neuen Blüten und Blätter. Die Elfenblume mag einen frischen Boden, kommt aber erstaunlich gut mit Trockenheit zurecht. Wertvoll: Sie wächst trotz starker Wurzelkonkurrenz unter Buchen- und Hainbuchenhecken und verdeckt hier den kahlen Heckenfuß!

▷ Wolfsmilch *Euphorbia characias* ssp. *wulffenii*

Blüte: *Mai – Juni* **Höhe:** *0,8 m*

An windgeschützten Stellen entwickelt sie sich zu einer sehr großen Gestalt, die im Frühjahr lange mit hellgelben Blüten Freude im Garten spendet. Die hohen Stiele mit graugrünen Blättern schmücken das ganze Jahr und sorgen für die wichtige Betonung der Vertikalen – besonders im Winter. Für den Topf eignet sich die niedrige Walzen-Wolfsmilch *(Euphorbia myrsinites)*. Ein Platz an der vollen Sonne ist wichtig, der Boden kann ruhig sandig und trocken sein. Alle Euphorbien werden wegen des giftigen Milchsaftes von Schnecken verschont. Ein Star für Schattenlagen ist die stark wachsende *Euphorbia amygdaloides* ssp. *robbiae*.

Stauden

▷ Balkan-Storchschnabel 'Spessart' *Geranium macrorrhizum*

Blüte: *Mai – Juli* **Höhe:** *0,3 m*

Einer der beliebtesten Bodendecker überhaupt, gerade für große Flächen unter Gehölzen oder um Gebäude. Das aromatisch duftende Blatt hat eine schön geschlitzte Form. Die Pflanze kann im Herbst große Mengen Falllaub schlucken – ideal für Gärtner, die es einfach mögen! Für sonnige bis halbschattige Plätze. Verträgt auch sommerliche Trockenzeiten recht gut. Sie mag keine schweren, lehmigen Böden – hier stellen sich oft Pilzkrankheiten ein. Wegen des Ausbreitungsdrangs über Rhizome verträgt sie sich nicht mit anderen, schwächer wachsenden Stauden. Weitere Sorten sind 'Bevan' in Purpurrot oder 'Czakor' mit violetter Blüte.

◁ Orientalische Nieswurz
Helleborus orientalis

Blüte: *Feb. – April* **Höhe:** *0,4 m*

Die höhere Schwester der Christrose *(Helleborus niger)* blüht in vielen Tönen: von Weiß über Rosa, Rot bis hin zu dunklem Purpurviolett. Auch gefüllte und gesprenkelte Blüten gibt es. Am besten wählen Sie zur Blütezeit in einer Staudengärtnerei aus. Die Pflanzen sind trotz ihrer Schönheit unkompliziert und langlebig, wachsen in der Sonne und im Halbschatten. Oft säen sie sich von allein aus. Jeder gute Gartenboden mit hohem Kalkgehalt ist ihnen recht. Schön sind sie in kleinen Sträußen – schneiden Sie den Stängel unten kreuzweise ein, damit die Blüte länger hält.

▷ Immergrüne Schleifenblume 'Zwergschneeflocke'
Iberis sempervirens

Blüte: *April – Mai* **Höhe:** *0,2 m*

Ganz dicht und mit vielen Trieben wächst dieser Zwergstrauch zu einem bodendeckenden Kissen. Er ist unheimlich zäh und gedeiht auf trockenen armen Sandböden in voller Sonne. Hübsch lässt er sich auf Hängen, an Trockenmauern oder Treppen einsetzen. Auch auf Hochhausbalkonen zusammen mit Kiefern und Silberdistel ist er unverwüstlich. Bei größeren Sämlingssorten hat sich ein Rückschnitt in der Höhe per Heckenschere bewährt, das hält die Pflanzen kompakt. Gute Pflanzennachbarn sind Sonnenröschen, Fetthenne und kleine Heide-Nelken. Eine Vermehrung ist einfach über Stecklinge im August möglich.

▷ Echter Lavendel 'Munstead'
Lavandula angustifolia

Blüte: *Juli – Aug.* **Höhe:** *0,3 m*

Der Kleinstrauch aus dem Mittelmeergebiet darf auf keinem Balkon und in keinem Garten fehlen. Sein magisches Blau und der Duft der Blüten erinnern wunderbar an Urlaub. 'Alba' ist ebenfalls frosthart und blüht weiß. Die neuartigen Schopf-Lavendel der Blumenläden *(Lavandula stoechas)* sind dagegen nicht winterfest. Als Standort bietet sich ein vollsonniger Platz mit durchlässigem Boden an. Auch steinige Erde wird vertragen – das macht ihn für Kiesgärten beliebt, die gerade sehr in Mode sind. Übrigens: Je weniger man Lavendel düngt, desto besser kommt er über die kalte Jahreszeit.

◁ Rosmarin *Rosmarinus officinalis*

Blüte: *März – Juni* **Höhe:** *0,8 m*

Diese Schönheit verkörpert wie kaum eine andere Pflanze die mediterrane Lebenslust. An einem vollsonnigen und warmen Standort entwickelt sie sich zu großen Exemplaren, die sich bei gelegentlichem Schnitt besser verzweigen. Nutzen Sie die Abschnitte gleich für die mediterrane Küche: um Fleisch zu marinieren, Gemüsesuppen zu würzen oder einem guten Olivenöl noch mehr Aroma zu verleihen. In mildem Klima können Sie Rosmarin auf möglichst armen, sandigen Boden auspflanzen. Besonders winterhart ist die neue Sorte 'Blue Winter'. In kalten Gegenden und höheren Lagen überwintern Sie ihn besser in der frostfreien Garage.

▷ Echter Salbei 'Berggarten' *Salvia officinalis*

Blüte: *Juli – Aug.* **Höhe:** *0,4 m*

Die Sorte besticht durch ihre großen, eleganten, ovalen Blätter. Pflanzen Sie den Halbstrauch als Strukturpflanze in größere Rabatten oder in den Topf auf der Terrasse. Blüten setzt er kaum an. Sie erscheinen bei älteren Exemplaren dieser Art oder bei Sorten wie 'Purpurascens' (rotblättrig) und 'Tricolor' (rot-weiß panaschiert). Salbei mag einen sonnigen, warmen Standort in durchlässiger Erde. Lehmboden magern Sie vor der Pflanzung mit zwei Eimern Kiessand je Quadratmeter ab. Eine Düngung ist nicht notwendig. In harten Wintern frieren die Pflanzen zurück, wenn Sie sie nicht mit Tannenzweigen schützen.

Stauden und Bodendecker

▷ **Fädige Palmlilie** *Yucca filamentosa*

Blüte: *Juli – Sept.* **Höhe:** *0,5 m*

Eine großartige Gestalt – ob wegen der linealen Blätter oder der 1,2 m hohen weißen Blütenstängel. Setzen Sie sie daher einzeln oder als Dreiergruppe an eine prägnante Stelle. Die horstartige Staude liebt sonnig-warme Bereiche und verträgt trockenste Böden. Daher eignet sie sich gut in Verbindung mit Kies und moderner Architektur oder als Hingucker im mediterranen Garten. Es gibt Sorten wie 'Schellenbaum' und 'Schneetanne', die höher wachsen und noch aus der Züchtung des berühmten Staudengärtners Karl Foerster (1874–1970) stammen. Bei Neupflanzung kann es einige Jahre bis zur ersten Blüte dauern.

◁ **Graues Heiligenkraut**
Santolina chamaecyparissus

Blüte: *Juli – Aug.* **Höhe:** *0,4 m*

Das graue Laub und der dichte kissenförmige Wuchs machen es zum Star im mediterranen Garten. Auch als Einfassungspflanze für Beete oder in Verbindung mit Buchsbaum in aufwendigen Knotengärten ist der Halbstrauch eine perfekte Wahl. Wichtig ist ein zweimaliger Schnitt im Jahr – Ende April und Mitte August – sonst fallen die Pflanzen leicht auseinander und vergreisen frühzeitig. Wählen Sie einen vollsonnigen Standort. Hier wird auch große Trockenheit – wie z. B. auf der Südseite des Hauses im Regenschatten des Daches – gut vertragen. Schön auch als Kombinationspartner zu Lavendel und rosa Beetrosen.

▷ **Zitronen-Thymian** *Thymus × citriodorus*

Blüte: *Juni – Juli* **Höhe:** *0,3 m*

Kaum ein anderes Gewürzkraut lässt sich in der modernen Küche so vielseitig einsetzen. Der intensive Zitronengeschmack passt zu Obstsalaten, würzt Quarkaufstriche oder sorgt bei Grillfleisch als Marinade für mediterrane Frische. Die Stauden wachsen in der vollen Sonne gern über Steine und aufgewärmtes Pflaster. Sie brauchen nur wenig Wasser und werden am besten gar nicht gedüngt. Gut lassen sie sich auch auf einem Sonnenbalkon pflegen – mischen Sie hierfür zwei Drittel normale Blumenerde und ein Drittel Sand und setzen Sie die Pflanze in einen Tontopf mit mindestens 15 cm Durchmesser. Häufiges Schneiden hält die Pflanzen kompakt.

▷ Spinnweben-Hauswurz *Sempervivum arachnoideum*

Blüte: *Juni – Juli* **Höhe:** *0,1 m*

Die fleischigen, sukkulenten Blättchen sind stets zu einer ordentlichen runden Rosette geformt – das macht den Reiz aus. Immer mehr dieser Rosetten bilden ein dichtes, fast grafisch wirkendes Polster. Dies wirkt besonders gut zwischen Steinen, an Treppen und in Mauerspalten. Die Pflanzen brauchen volle Sonne, aber kaum Feuchtigkeit. Sie gedeihen fast ohne Erde. Es gibt viele weitere Arten mit unüberschaubarer Sortenvielfalt. Achtung: Sammelleidenschaft ist hier fast garantiert. Die Dach-Hauswurz *(Sempervivum tectorum)* wird heute noch im Alpenraum auf Dächer gepflanzt, das soll vor Blitzeinschlag schützen.

◁ Teppich-Golderdbeere *Waldsteinia ternata*

Blüte: *April – Mai* **Höhe:** *0,1 m*

Eine herausragende, ganz unkomplizierte Bodendecke für halbschattige bis schattige Bereiche. Bei genügend Feuchtigkeit gedeiht die Staude sogar in praller Sonne. Ihre Gestalt ist ebenmäßig niedrig, mit einem schönen gelben Flor. Über Ausläufer wächst sie schnell zu dichten Beständen. Durch Abstechen mit einem Spaten lässt sie sich leicht vermehren. Die Pflanze ist sehr konkurrenzstark und gut für die Pflanzung unter Gehölzpartien und Hecken geeignet. Attraktiv auch in Verbindung mit hohen Solitärstauden wie Wachsglocke *(Kirengeshoma)*, Wald-Geißbart *(Aruncus dioicus)* und Funkie 'Big Daddy' *(Hosta)*.

▷ Kleines Immergrün 'Gertrude Jekyll'
Vinca minor

Blüte: *April – Mai* **Höhe:** *0,1 m*

Dieser klassische Bodendecker gedeiht auf allen frischen Böden, im Halb- und Vollschatten. Durch bewurzelnde Ausläufer formt er dichte Matten. Setzen Sie mindestens zehn Pflanzen je Quadratmeter. Es gibt auch großblütige ('Bowles') und rotviolette Sorten ('Rubra'). Vermehrung ist leicht möglich: Stechen Sie mit geschärftem Spaten (Metallfeile) ein Stück vom Altbestand in kleine Teile (5 x 5 cm), die Sie mit vierfachem Abstand am neuen Platz einsetzen. Wichtig: Herbstlaub vor dem Winter abharken. Das großblättrige *V. major* bildet hübsche hängende Triebe, ist aber etwas sonnenempfindlich.

Bodendecker

▷ Kletternder Spindelstrauch 'Minimus' *Euonymus fortunei*

Höhe: *0,2 m* **Breite:** *0,6 m*

Von der Sonne bis zum Schatten mag dieser mattenbildende Zwerg-strauch jeden Standort. Er wächst ganz flach, kann aber an Bäumen und Mauern 2 m Höhe erreichen. Besondere Zierde sind die feinen Blättchen an grazilen Trieben. Der Wuchs ist sehr dicht, Schnitt verträgt er gut. Sehr interessant auch für Kübel- und Grabbepflanzung. Hervorragend als Unterpflanzung von kleinen Gehölzgruppen oder Solitären wie Japani-schem Ahorn oder Zaubernuss. Im Herbst sollten Sie Falllaub sorgfältig ausharken. Im August lässt sich die Pflanze einfach über Stecklinge in leicht feuchter, sandiger Erde vermehren.

◁ Teppich-Zwergmispel 'Thiensen'
Cotoneaster dammeri

Höhe: *0,2 m* **Breite:** *0,8 m*

Brennende Sonne, trockener Boden – dieser Bodendecker hält fast alles aus! Noch dazu wächst er ganz flach und schmückt sich im Herbst mit roten Beeren. In den letzten Jahren ist Feuerbrand, eine Bakterienkrankheit, immer häu-figer ein Thema geworden, doch diese Sorte ist resistent. Sie ist sehr schnittverträglich und lässt aufgrund der dich-ten Belaubung kein Unkraut durchkommen. Schön in Ver-bindung mit Treppen oder als Übergang zwischen Terrasse und Beet. Andere Sorten sind 'Streib's Findling' für ganz kleine, flache Teppiche und 'Holsteins Resi' für kniehohe Bodendecken mit zahlreichen Früchten.

▷ Heide-Wacholder 'Repanda'
Juniperus communis

Höhe: *0,3 m* **Breite:** *1,5 m*

Auf armen sandigen und trockenen Böden wächst dieses Gehölz zur dichten Decke, die kein Unkraut duldet. In voller Sonne fühlt sich diese Pflanze am wohlsten, verträgt aber auch noch den hel-len Halbschatten. Kalte Winter sind kein Problem, daher gedeiht sie auch gut auf Dachgärten und Hochhausbalkonen. Sonne und Wind verträgt sie gut – Hauptsache, Sie düngen maximal einmal im Mai. Besonders schön ist die Kombination mit Heide, Stauden und höheren Koniferen. Vorsicht allerdings bei Stauden, die sich auf die Nadeln legen – der Mangel an Tageslicht führt schnell zu braunen Stellen. Im Handel auch als Kriechwacholder bekannt.

▷ Immergrüne Kriech-Heckenkirsche

Lonicera pileata

Höhe: *0,8 m* **Breite:** *1,5 m*

Dieser Kleinstrauch aus China ist auch für ungünstige Lagen gut geeignet – Hitze, Trockenheit, Schatten oder Wurzeldruck machen ihm nichts aus. Aus unscheinbaren weißen Blüten im Mai entstehen kugelige purpurviolette Früchte. Geschützte Lagen sind vorteilhaft, weil die Pflanze während schneefreier Winter leidet. Sie treibt im Frühjahr aber wieder gut aus. Die Schnittverträglichkeit ist sehr gut – daher gilt sie als prima Ersatz für Buchsbaumhecken, die durch Pilzbefall eingegangen sind. Schöne Sorten sind 'Maigrün' mit hellerem, glänzendem Blatt und die schöne, aber empfindlichere 'Elegant'.

◁ Dickmännchen 'Green Carpet'

Pachysandra terminalis

Höhe: *0,2 m* **Breite:** *0,4 m*

Dieser niedrige Halbstrauch, auch Schattengrün genannt, wächst im Halb- bzw. Vollschatten zu einem dichten, uniformen Teppich. Im Mai erscheinen weiße Blütenähren. Pflanzen Sie acht Stück je Quadratmeter, die Fläche schließt sich dann durch Ausläufer. Wichtig ist ein sehr lockerer Boden, den Sie vor der Pflanzung mit Kompost und Torf verbessern sollten. Stärker wächst die normale Art, die Sie bei genügend feuchter Erde auch in die Sonne pflanzen können. Wird sie nach Jahren zu hoch, lässt sich die Fläche per Rasenmäher verjüngen. Praktisch: Die Bodendecke schluckt große Mengen an Herbstlaub.

▷ Herzblättrige Schaumblüte *Tiarella cordifolia*

Höhe: *0,2 m* **Breite:** *0,4 m*

Von Mai bis Juni schmückt sich diese robuste Staude mit weißen duftigen Traubenblüten, die aus der Entfernung wie Schaumkronen auf dem Meer wirken. Durch Ausläufer bildet sich zügig ein geschlossener Bestand. Das ist vorteilhaft für die Vermehrung – stechen Sie zwei Jahre alte Pflanze einfach mit dem Spaten in Stücke, so können Sie billig eine größere Fläche bestücken. Die Schönheit passt gut zu Rhododendron oder vor Hauswände im Norden, denn sie liebt den luftfeuchten, kühlen Schatten. In der heißen Sonne vertrocknet sie leicht. Das herzförmige Laub hält bis weit in den Winter und färbt sich dann herrlich bronzefarben.

Klettergehölze

▷ Immergrüne Waldrebe 'Snowdrift' *Clematis armandii*

Höhe: *3 m* **Breite:** *2 m*

Hauptaspekte dieser Sorte sind das schöne Laub und der hinreißende rein-weiße Flor. Bereits im März erscheinen die Blüten. Sie halten bis April und duften dazu noch verführerisch. Allerdings braucht der Kletterer ein Rank-gerüst an einer sonnigen und sehr geschützten Ecke. Er ist nicht frosthart, mildes Weinbauklima eignet sich ideal. Kürzen Sie die Pflanze nach der Blüte Anfang Mai auf 1 m, damit sie unten nicht verkahlt. Auch in kalten Wintergärten und Anlehngewächshäuser macht sich die Waldrebe gut. Tipp: *Clematis* mögen einen kalten Fuß – ein alter Dachziegel vor die Trieb-basis gestellt, schafft beste Voraussetzungen zum Gedeihen.

◁ Kletternder Spindelstrauch

Euonymus fortunei var. *radicans*

Höhe: *0,3 m* **Breite:** *0,8 m*

In der Sonne sowie im tiefen Schatten gedeiht dieser Strauch als flacher, sehr robuster Boden-decker. Frost und Trockenheit machen ihm kaum etwas aus. Einen starken Schnitt verträgt er ohne Probleme. An großen Bäumen oder einer Haus-wand klettern die grünen Triebe ohne Hilfe über eigene Haftwurzeln dekorativ empor. Gerade bei älterem Mauerwerk oder Putzflächen mit schad-haften Stellen ist diese Varietät viel verträglicher als Efeu. Im Herbst zeigen sich bei älteren Exem-plaren hübsche rötliche Früchte. In kalten, schneearmen Wintern ist ein Reisigschutz wäh-rend der ersten zwei Standjahre angebracht.

▷ Kolchischer Efeu 'Sulphur Heart' *Hedera colchica*

Höhe: *5 m* **Breite:** *2 m*

Riesige Blätter mit 17 cm Länge und einer gelb gesprenkelten Mitte sind das Markenzeichen dieser Rarität. Verwenden Sie sie am Zaun oder lassen Sie sie mit ihren Haftwurzeln an Bäumen und Hauswänden emporklettern. Tipp: Auch als Bodendecker hat diese Sorte ihre Vorzüge. Wichtig ist, dass Sie nach Ende Juni nicht mehr düngen und auch nicht mehr bewässern. So reifen die Triebe besser aus und werden frosthärter. Setzen Sie vier junge Pflanzen pro Quadratmeter und kürzen Sie die Triebe dreimal pro Jahr auf ca. 40 cm des Zuwachses zurück. Das macht nach drei Jahren einen dich-ten Teppich mit wunderschöner Zeichnung.

▷ Gewöhnlicher Efeu *Hedera helix*

Höhe: *20 m* **Breite:** *4 m*

Selbst im tiefsten Schatten gedeiht die Kletterpflanze noch hervorragend und bildet eine dichte Bodendecke oder blickdichte grüne Wand. Dafür leiten Sie die jungen Triebe senkrecht durch einen Drahtzaun hoch und kürzen diesen grünen Sichtschutz jeden April um die Ranken des letzten Jahres. Leicht wandern die selbsthaftenden Ranken auch an Häusern empor. An intaktem Mauerwerk entsteht kein Schaden. Sind aber Risse im Putz, suchen die Wurzeln hier nach Feuchte, dann platzt möglicherweise der Putz ab. Großblättrig sind 'Woerner' und 'Plattensee'. 'Wingertsberg' ist prima als zierliche und harte Bodendecke.

◁ Immergrünes Geißblatt *Lonicera henryi*

Höhe: *6 m* **Breite:** *2 m*

Dieses Klettergehölz ist die beste Wahl, wenn die Begrünung im tiefen Schatten schnell gehen soll. Nach einem langsamen Start erreichen neue Triebe bei einem nahrhaften und feuchten Standort im zweiten Jahr nach der Pflanzung eine Länge von bis zu 2 m. Hat das Gehölz einmal die richtige Größe erreicht, können Sie die Pflanze ruhig mehrmals im Jahr mit der Heckenschere bis Ende August in Form schneiden. Aus kleinen rötlichen Blüten von Juni bis Juli entwickeln sich kugelige schwarze Beeren, die lange haften. Das Geißblatt ist besonders geeignet, um Schuppen, Müllcontainer oder Nachbarbauten zu verdecken.

▷ Immergrüne Kletterbrombeere
Rubus henryi var. *henryi*

Höhe: *3 m* **Breite:** *3 m*

Das dreigeteilte, glänzend grüne Blatt ist das Aushängeschild dieses noch wenig bekannten Klettergehölzes. Mit seinen dünnen, girlandenartig überhängenden Trieben macht es sich prima als lockerer Sichtschutz am Gerüst. Im Juni erscheinen kleine rote Blüten in Trauben, aus denen sich schwarze Früchte mit nur fadem Geschmack entwickeln. Im geschützten Halbschatten ist der Zuwachs ideal, hier verträgt sie auch kalte Winter gut. In den ersten zwei Jahren sollten Sie junge Pflanzen dennoch mit laubgefüllter Reisigmatte schützen. Passt zu Bambus, immergrünen Gräsern und Traubenheide als Kombination im Beet.

Bambus

▷ **Schirmbambus 'Jumbo'** *Fargesia murielae*

Höhe: *3,5 m* **Breite:** *2 m*

Der große Vorteil bei allen Fargesien: Sie bleiben horstig und wandern nicht über lange Rhizome durch den gesamten Garten. Eine Rhizomsperre ist daher nicht nötig. Verwenden Sie die Sorte für hohe, frei wachsende Hecken, die Sie per elektrischer Heckenschere in akkurate Formen trimmen können. Wächst in jedem Boden, verträgt sonnige wie schattige Standorte. Schirmbambus lässt sich auch gut im großen Kübel halten. Gießen Sie ihn dann aber auch in Regenperioden und bei frostfreiem Winterwetter. Er vertrocknet sonst, weil er über die Blätter auch während der kalten Jahreszeit Wasser verdunstet.

◁ **Zwergbambus** *Pleioblastus pumilus*

Höhe: *0,4 m* **Breite:** *über 1 m*

Diese Zwergform bedeckt den Boden in Sonne, Halbschatten und Schatten. Der Wuchs ist dicht und robust. Über Ausläufer wird bald eine Fläche von mehreren Quadratmetern geschlossen. Rasenkantensteine aus Beton in einem Betonfundament oder eine Rhizomsperre aus einer starken Kunststoffbahn bieten den wandernden Trieben Einhalt. Die Pflanze wächst auf jedem Gartenboden, ist sehr winterhart und treibt nach eventuell auftretenden Blattschäden sicher wieder durch. Nach Kahlfrösten oder wenn die Bodendecke zu hoch geworden ist, schneidet man die Pflanzen Ende März per Heckenschere entsprechend tief ab.

▷ **Immergrüner Breitblattbambus** *Pseudosasa japonica*

Höhe: *4 m* **Breite:** *2 m*

Besonders für große Töpfe und Container ist dieser Bambus mit seinem breiten Blatt beliebt. Bis unten sind die Triebe belaubt – ganz gleich, ob die Pflanze in voller Sonne oder im tiefen Schatten steht. Dies hat höchstens auf die nötigen Gießintervalle Einfluss. Eine Pflanzung im Baumschulcontainer aus Kunststoff schützt wertvolle Übertöpfe. Dieser Bambus entwickelt Ausläufer, daher ist eine spezielle Rhizomsperre angebracht (im Fachhandel oder über das Internet zu beziehen). Auch als Hecke im Garten ist er zu empfehlen – Einblicke von Nachbarn und Passanten sind nicht mehr möglich. Die Pflanze ist sehr schnittverträglich.

▷ Grüner Bambus *Phyllostachys bissettii*

Höhe: *4 m* **Breite:** *2 m*

Diese Art ist ausgesprochen hart und eignet sich daher für raue Gegenden. Als Winterschutz rollen sich die Blätter ein und vermindern so die Verdunstung. Dadurch übersteht dieser Bambus auch kalte sonnige Frosttage. Bei der Pflanzung in großen Kübeln bleiben die Triebe bis unten dicht belaubt, die Spitze hängt später grazil über. Auch als hohe und dichte Sichtschutzhecke nicht zu übertreffen. Durch die weit reichenden Wurzelausläufer ist eine Rhizomsperre notwendig. Für Sonne und Halbschatten. Wächst auf allen Böden, eine Abdeckung der Wurzelscheibe mit grobem Kompost im Herbst reicht als Düngung völlig aus.

◁ Riesenbambus 'Aureocaulis' *Phyllostachys vivax*

Höhe: *8 m* **Breite:** *5 m*

Dicke gelbe Halme mit grünen Streifen und die sagenhafte Höhe der Triebe machen diese winterharte Form zum Hingucker in unseren Breiten. Als Einzelexemplar oder als kleiner Hain mit Sitzbank und Bodendecke aus Elfenblume sehr zu empfehlen. Unten sind die Triebe kahl, daher eignet sich die Pflanze gut zum Formschnitt. Trimmen Sie einzelne Äste des Halmes zu Wolken oder flachen Ebenen. Wächst in Sonne und Halbschatten. Fällt weniger Licht ein, färbt sich das Laub dunkler und bildet zu den gelben Halmen einen reizvollen Kontrast. Wichtig: Rhizomsperre samt passender Verschlüsse einbauen.

▷ Zickzackbambus 'Spectabilis' *Phyllostachys aureosulcata*

Höhe: *4 m* **Breite:** *3 m*

Für kalte Gegenden eignet sich diese sehr frostfeste, äußerst beliebte Sorte. Die deutsche Bezeichnung bezieht sich auf die lustige Richtungsänderung im Triebwuchs. Die Blätter reichen stets bis zum Boden, dazwischen zeigen sich die zitronengelben Halme mit grüner Streifung. Wächst aufrecht und bildet schnell eine ansprechende Hecke, auch im Kübel auf windgeschützten Balkonen brillieren die Pflanzen. Vergessen Sie bei Freilandpflanzung nie die Rhizomsperre. Verträgt sonnige und halbschattige Standorte. Tipp: Alte Halme auslichten und zum Aufbinden von Tomaten, Clematis oder duftenden Wicken verwenden.

Gräser und Farne

◁ Japan-Segge 'Ice Dance' *Carex morrowii*

Höhe: *0,3 m* **Breite:** *0,3 m*

Der neue Star unter den Gräsern besticht duch einen breiten weißen Blattrand und gefällt dadurch in halbschattigen Partien. Der Wuchs ist äußerst robust und teppichartig. In der Gestaltung sollten Sie immer große Gruppen einplanen. Sehr schön wirkt es auch unter lichten Sträuchern und Bäumen oder in Kombination mit Natursteinbelägen am Hauseingang. Wenn man eine große Fläche bepflanzt, entfällt die Jagd nach dem Unkraut. Lediglich das Herbstlaub sollte herausgeharkt oder mit einem Laubgebläse abgesaugt werden. Das Gras gedeiht auch in der Sonne und ist erstaunlich trockentolerant.

▷ Schaf-Schwingel 'Silbersee' *Festuca valesiaca*

Höhe: *0,2 m* **Breite:** *0,2 m*

Für trockene und sonnige Bereiche am Haus, im Regenschatten des Daches gibt es kaum eine bessere Wahl, denn dieses Gras verträgt große Trockenheit. Die silbrig-blaue Färbung – ein guter Schutz vor Verdunstung – schmückt auch Kästen von Hochhausbalkonen oder leuchtet als Farbakzent in einer Heidefläche. Setzen Sie die Pflanzen sehr dicht – mindestens zehn pro Quadratmeter, damit sich der Bestand schließt. Für eine optimale optische Wirkung setzen Sie es ohnehin nur in großen Gruppen ein. Das spart Arbeit: Unkraut kann nicht aufkeimen, und Sie brauchen nicht zu wässern. Herbstlaub absammeln.

◁ Schneeweiße Hainsimse *Luzula nivea*

Höhe: *2 m* **Breite:** *1,5 m*

Dieses Gras bringt Licht in den tiefen Schatten. Der große Auftritt kommt zur Blütezeit von Juni bis August, wenn sich die weißen, büscheligen Blüten auf straffen Stielen über dem Laub erheben. Die kleinen, frischgrünen Büschel sind erstaunlich robust und langlebig. Wer schon genug Pflanzen hat, sollte die Blütenstände vor der Reife schneiden, um eine Selbstaussaat zu verhindern. Am schönsten wirkt dieses Gras vor Rhododendren und Eiben in kleinen versetzten Gruppen. Passend lassen sich auch Funkien und weit streichende Japanische Anemonen dazu kombinieren. Die Blüten bringen Ruhe zwischen bunte Vasenblumen.

◁ **Mexikanischer Wurmfarn** *Dryopteris pseudo-filix-mas*

Höhe: *1,2 m* **Breite:** *0,6 m*

Diese Schönheit erinnert an unseren heimischen Wurmfarn – mit dem schönen Unterschied, dass die großen, imposanten Wedel heller und vor allem wintergrün sind. Daher eignen sie sich als Struktur für die kalte Jahreszeit unter Bäumen und am schattigen Fuß hoher Koniferenhecken. Bis zum Frost treibt die Pflanze neue Wedel. Sie fühlt sich in guter, feuchter Gartenerde wohl. In Trockenzeiten hilft ein starker Guss aus der Gießkanne. Schön in Kombination mit Elfenblume, Salomonssiegel *(Polygonatum)* und Wachsglocke *(Kirengeshoma)*. Die Blätter eignen sich gut als Abschluss großer Blumensträuße.

▷ **Hirschzungenfarn** *Asplenium scolopendrium*

Höhe: *0,3 m* **Breite:** *0,4 m*

Lackig glänzende, lange Blätter sind das Markenzeichen der Art. Bis zum Austrieb im neuen Jahr bleibt das Laub grün. Der Farn eignet sich für lichte bis schattige Beete an der Nordseite des Hauses oder unter großen Sträuchern. Eine Kombination mit Lungenkraut *(Pulmonaria)*, Alpenveilchen *(Cyclamen)* und Zwerg-Herzblume *(Dicentra)* wirkt großartig. Wichtig sind ein luftfeuchter Standort am Wasserbecken und kalkhaltige Erde. Zerstoßene Eierschalen oder eine Handvoll Algenkalk helfen gegen saure Erde. Zur Vermehrung die Pflanze Ende September teilen. Vor dem Einpflanzen Blätter zur Hälfte einkürzen.

◁ **Filigranfarn 'Herrenhausen'** *Polystichum setiferum*

Höhe: *0,4 m* **Breite:** *0,5 m*

Die dunkelgrünen Wedel dieser Sorte sind zwei- bis dreifach gefiedert – und sehen damit außergewöhnlich attraktiv aus. Sie erinnern an zartes Moos. Im Winter bekommen sie einen bronzegrünen Ton. Die Pflanzen brauchen einen humosen, luftfeuchten und schattigen Standort – prima als Unterpflanzung von Rhododendren oder Hortensien. Setzen Sie drei oder fünf Pflanzen zu einer Gruppe, das wirkt harmonischer. Holen Sie Herbstlaub sorgfältig heraus, damit nichts braun wird. Erst zur Zeit des neuen Austriebs schneiden Sie das alte Grün, so können sich die neuen Wedel besser entfalten.

Immergrüne Gehölze: Farbaspekte übers Jahr

Name	Farbe	Januar	Februar	März	April	Mai	Juni	Juli	August	September	Oktober	November	Dezember
Großblättrige Berberitze *Berberis julianae*	Blüten gelb, Früchte blau-schwarz, Laub rot												
Schmalblättrige Berberitze *Berberis × stenophylla*	Blüten gelb-orange, Früchte blauschwarz												
Japanische Kamelie 'Berenice Boddy' *Camellia japonica*	Blüten rosa												
Mexikanische Orangenblume 'Aztec Pearl' *Choisya ternata*	Blüten weiß, Laub gelb												
Teppich-Zwergmispel 'Thiensen' *Cotoneaster dammeri*	Blüten weiß, Früchte rot												
Weidenblättrige Zwergmispel *Cotoneaster salicifolius var. floccosus*	Blüten weiß, Früchte rot, Laub orangerot												
Rosmarin-Seidelbast *Daphne cneorum*	Blüten rosa												
Scheinbeere 'Rosea' *Gaultheria mucronata*	Blüten weiß, Früchte rosa												
Gewöhnliche Stechpalme 'J.C. van Tol' *Ilex aquifolium*	Blüten weiß, Früchte rot												
Berglorbeer 'Olympic Fire' *Kalmia latifolia*	Knospen rot, Blüten rosa-weiß												
Immergrüne Magnolie *Magnolia grandiflora*	Blüten weiß												
Gewöhnliche Mahonie 'Apollo' *Mahonia aquifolium*	Blüten gelb, Früchte blau-schwarz, Laub rotbraun												
Lederblatt-Mahonie *Mahonia bealei*	Blüten hellgelb, Früchte blauschwarz												
Stachelblättrige Duftblüte *Osmanthus heterophyllus*	Blüten grünlich, Laub orange bis rot												
Glanzmispel 'Red Robin' *Photinia fraseri*	Blüten weiß, Früchte rot, Austrieb rot												
Orientalische Fichte 'Aurea' *Picea orientalis*	Austrieb gelb												
Kirschlorbeer 'Otto Luyken' *Prunus laurocerasus*	Blüten weiß, Früchte schwarz												

Name	Farbe	Januar	Februar	März	April	Mai	Juni	Juli	August	September	Oktober	November	Dezember
Mittelmeer-Feuerdorn 'Red Column' *Pyracantha coccinea*	Blüten weiß, Früchte dunkelrot	Frucht				Blüte	Blüte			Frucht	Frucht	Frucht	Frucht
Rhododendron 'Baden Baden' *Rhododendron forrestii*	Blüten rot					Blüte	Blüte						
Rhododendron 'Balalaika' *Rhododendron*-Hybride	Blüten orange					Blüte	Blüte						
Rhododendron 'Cunningham's White' *Rhododendron*-Hybride	Blüten weiß				Blüte	Blüte							
Rhododendron 'Herbstgruß' *Rhododendron*-Hybride	Blüten weiß mit weinrotem Fleck				Blüte	Blüte				Blüte	Blüte		
Rhododendron 'Midsummer' *Rhododendron*-Hybride	Blüten dunkelrosa mit heller Mitte						Blüte	Blüte					
Rhododendron 'Praecox' *Rhododendron*-Hybride	Blüten violett			Blüte	Blüte								
Rhododendron 'Sammetglut' *Rhododendron*-Hybride	Blüten dunkelrot					Blüte	Blüte						
Rhododendron 'Weston's Pink Diamond' *Rhododendron*-Hybride	Blüten rosa, Laub orangerot					Blüte					Laubfärbung		
Japanische Azalee 'Kermesina' *Rhododendron × obtusum*	Blüten rubinrosa, weiß oder zweifarbig					Blüte	Blüte						
Rhododendron 'Gartendirektor Rieger' *Rhododendron williamsianum*	Blüten cremefarben					Blüte							
Rhododendron 'Anuschka' *Rhododendron yakushimanum*	Blüten dunkelrosa					Blüte							
Skimmie 'Rubella' *Skimmia japonica*	Knospen braunrot, Blüten weiß	Knospe	Knospe	Knospe	Blüte						Knospe	Knospe	Knospe
Binsenginster *Spartium junceum*	Blüten gelb						Blüte	Blüte					
Oster-Schneeball *Viburnum × burkwoodii*	Blüten weiß, Laub gelb, orangerot				Blüte	Blüte					Laubfärbung	Laubfärbung	
Runzliger Schneeball *Viburnum rhytidophyllum*	Blüten weiß, Früchte rot, dann schwarz						Blüte			Frucht	Frucht		
Mittelmeer-Schneeball 'Eve Price' *Viburnum tinus*	Blüten weiß, Früchte blauschwarz				Blüte					Frucht	Frucht		

Legende: Knospe   Blüte   Frucht   Laubfärbung

Bezugsquellen

Baumschulen

Gartenbaumschulen BdB e.V., mit Suche
nach Firmen in Ihrer Nähe:
www.gartenbaumschulen.com

Bund deutscher Baumschulen (BdB) e.V.,
mit Suche nach Firmen in Ihrer Nähe:
www.bund-deutscher-baumschulen.de

Rhododendren

Baumschule Neumann
12683 Berlin-Biesdorf
www.rhodoneumann.com

Baumschule Hachmann
25355 Barmstedt
www.hachmann.de

Baumschule Hobbie
26655 Westerstede/Linswege
www.hobbie-rhodo.de

Pflanzen Ries Co.KG
82061 Neuried/München
www.pflanzen-ries.de

Seleger Moor
CH–8911 Rifferswil
www.selegermoor.ch

Topiari

Kohout's Baumschulen
01920 Elstra
www.baumschule-kohout.de

Baumschule E.A. Stöckmann
26160 Bad Zwischenahn
www.ea-stoeckmann.de

Baumschule Rudolf Höfkes
47906 Kempen
www.baumschule-hoefkes.de

Baumschule Huben GmbH
68526 Ladenburg
www.huben.de

Baumschule Ammann
78256 Steißlingen
www.baumschule-ammann.de

Kamelien

Kamelienkulturen Michael von Allesch
21037 Hamburg
www.kamelie.net

Baumschule Härig
26197 Großenkneten
www.baumschule-haerig.de

Kamelienbaumschule der Justizvoll-
zugsanstalt (JVA) Lingen
49811 Lingen
www.jva-shop.de

Kamelienkulturen Walter Klotz
63329 Egelsbach
www.klotz-kamelien.de

Bambus

Helmers Baumschulen
26655 Westerstede
www.helmers.de

Bambusinsel Schlautkötter
50259 Pulheim
www.bambusinsel-pulheim.de

Bambus-Baumschule Ulrich Willumeit
64297 Darmstadt
www.bambus-baumschule.de

Wolfgang F. Eberts KG
BambusCentrum Deutschland
76532 Baden-Baden
www.bambus.de

Gartenpflanzen Daepp
CH–3110 Münsingen
www.daepp.ch

Zwerg-Koniferen

Uwe Horstmann Baumschulen
29640 Schneverdingen
www.tsuga.de

Baumschule Böhlje
26655 Westerstede
www.boehlje.de

Baumschule Bösel
81927 München
www.baumschule-boesel.de

Bodenuntersuchung

Landwirtschaftliche Untersuchungs-
und Forschungsanstalten (LUFA) der
Bundesländer, Adressen in Ihrer Nähe
über: www.vdlufa.de

Grüne Reisetipps

Botanische Sammlungen
01796 Pirna, www.kamelienschloss.de

Späth's ches Arboretum
12437 Berlin, www.hu-berlin.de

Arboretum Thiensen
25373 Ellerhoop, www.ellerhoop.de

Park der Gärten
26160 Bad Zwischenahn
www.park-der-gaerten.de

Botanika im Rhododendronpark
28359 Bremen, www.botanika.net

Palmengarten
60323 Frankfurt
www.palmengarten-frankfurt.de

Insel Mainau
78465 Mainau, www.mainau.de

Deutsches Gartenbaumuseum
99094 Erfurt
www.gartenbaumuseum.de

Register

Gartenlust pur

GU Pflanzenratgeber – so macht Gärtnern Freude

ISBN 978-3-8338-1723-6
240 Seiten

ISBN 978-3-8338-1537-9
240 Seiten

ISBN 978-3-8338-0704-6
288 Seiten

ISBN 978-3-8338-1972-8
144 Seiten

Änderungen und Irrtum vorbehalten.

Das macht sie so besonders:

Kompetent – Alles, was Gärtner wissen müssen

Praxisnah – Profis zeigen, wie man's richtig macht

Inspirierend – So werden Gartenträume wahr

Willkommen im Leben.

Der Autor

Arne Janssen absolvierte nach seiner Ausbildung zum Baumschulgärtner ein Studium der Landschaftsarchitektur an der Universität Hannover. Seit 2003 arbeitet er als Redakteur für führende Garten- und Wohnmagazine und leitet jetzt das Gartenressort der Zeitschrift SELBERMACHEN. Sein eigenes grünes Reich im Künstlerdorf Worpswede bei Bremen ist dabei wichtigste Inspirationsquelle für neue Gartenideen.

Bildnachweis

Alamy: 76-2, 100-2, 105-3, 107-3, 116-2, 123-1, 127-2; **Dorothea Baumjohann:** 74, 78-1, 78-2, 78-3, 79-2, 79-3, 79-4, 86-1, 86-2; **Jürgen Becker:** 30, 41, 69 (Designer: LA Volker Püschel); **Elke Borkowski:** 2-3, 29-2, 37-2, 72-73, 108-3, 115-3, 126-3, 135-2; **Ursel Borstell:** 95-2, 97-1, 99-2, 104-2, 107-2, 110-2, 114-1, 118-3, 125-3, 126-2, 129-1, 129-2, 134-1; **Bridgeman Art Library:** 13; **Bruns-Pflanzen-Export:** 14; **Justus de Cuveland:** 118-2; **Sabine Eberts:** 133-1; **Marion Feldmann:** 42, 48, 52, 56, 60, 64, 68; **Floramedia:** 131-3; **Flora Press:** 9, 10-1, 18, 25-2, 26-1, 26-2, 27, 29-1, 33, 37-1, 38-39, 44, 47, 53, 57, 62, 75, 77, 79-1, 89-3, 89-4, 92-1, 92-2, 92-3, 93-1, 93-2, 94-1, 94-2, 94-3, 95-1, 95-3, 96-1, 96-2, 96-3, 97-2, 98-1, 98-2, 98-3, 99-1, 100-1, 101-1, 101-2, 102-1, 102-2, 102-3, 103-2, 107-1, 109-1, 109-2, 110-3, 111-1, 112-1, 112-2, 113-1, 113-3, 114-3, 115-2, 115-3, 117-1, 118-1, 119-2, 121-2, 122-1, 122-2, 123-2, 124-2, 124-3, 127-3, 129-3, 130-2, 130-3, 131-1, 131-2, 132-1, 132-2, 133-2, 133-3, 134-2, 135-3, U4-2; **GAP Photos:** 4-2, 34, 54, 105-1, 108-1, 108-2, 111-2, 111-3, 117-2, 117-3, 120-1, 128-3, 130-1, 135-1, U4-3; **Garden Picture Library:** 15, 23, 25-1, 31, 67, 70-2, 106-2, 116-1, 128-1; **Garden World Images:** 82-1, 83, 100-3, 103-1, 132-3; **Hansjörg Haas:** 89-2; **Hachmann Baumschule:** 104-1; **Claudia Lieb** 43, 49, 53, 57, 61, 65, 69; **Marianne Majerus Garden Images:** 5-1, 10-2, 12, 22, 28, 32, 61; **Mauritius:** 59-2, 70-1, 89-1; **Volker Michael:** 4-1, 8, 16-17, 24, 50-2, 66, U4-4; **Hans-Roland Müller:** 113-2, 128-2; **Marion Nickig:** 5-2, 50-1, 51, 71, 105-2, 125-1, 125-2, 126-1, 127-1; **Nova-Photo-Graphik:** 116-3, 120-3, 121-1, 124-1; **Okapia:** 99-3, 110-1, 114-2; **Picture Press:** 76-1, 81, 90-91, 104-3, 109-3; **Hans Reinhard:** 112-3; **Claudia Schick:** 20-1 bis 21-2; **Jutta Schneider & Michael Will:** 40, 43; **Friedrich Strauß:** 36, 46, 49, 80, 84, 85-1, 85-2, U4-1; **Annette Timmermann:** U1, 6-7, 11, 19, 35, 45, 55, 58, 59-1, 63, 65, 82-2, 87, 88-1, 88-2, 88-3, 106-1, 123-3, 134-3; **Zoonar:** 119-1, 120-2, 121-3.

Pflanzenillustrationen: Claudia Lieb
Syndication: www.jalag-syndication.de

Dank

Verlag und Autor danken der Bruns-Pflanzen-Export GmbH & Co. KG, Bad Zwischenahn (www.bruns.de), für das Zurverfügungstellen des historischen Motivs auf Seite 14.

Impressum

© 2011 GRÄFE UND UNZER VERLAG GmbH, München

Projektleitung: Angelika Holdau
Lektorat: Frauke Bahle
Bildredaktion: Caroline Davis, Petra Ender (Cover)
Layout: Marion Feldmann
Umschlaggestaltung: independent Medien-Design, Horst Moser, München
Produktion: Susanne Mühldorfer
Reproduktionen: Longo AG, Bozen
Druck: aprinta, Wemding
Bindung: Conzella, Pfarrkirchen
ISBN 978-3-8338-2085-4
2. Auflage 2011

GRÄFE UND UNZER

Ein Unternehmen der
GANSKE VERLAGSGRUPPE